敲開人心的
社交心理學

看懂臉色說對話

前言

人際關係交流中最尷尬的局面莫過於雙方無話可說。無話可說有時候是因為一方對另一方說的根本不感興趣，有時候是因為我們說的意思和對方的理解有偏差，有時候是因為我們缺乏在某些特殊情景下的溝通技巧，有時也會因為你的說話觸及了別人的「地雷區」，而造成別人的不愉快，導致交談無法繼續下去。良好的溝通需要雙方在適當的時候分別扮演起發送資訊者和接受資訊者的角色，就像跳探戈時需要兩個人完美的配合。

溝通交流是兩個人的事情，所以你不能指望等著對方為溝通交流負起全部責任。因此，當出現冷場或者尷尬的時候，要沉著，尋找雙方的共同話題，不能一味地等著對方來解決這種尷尬的場面。

好的溝通技巧是為人處世最重要的一環，洞察人心後適當的回應與安撫，相信你的人際關係絕對會更好。本書從心理學的角度與各種案例來分析一些影響人們心理的狀況與面對的處世態度與方法，相信大家可以從中獲得啟發。

Chapter 1
打造第一印象的陌生拜訪心理學

Chapter 2
叩開人心的求人辦事心理學

目錄

Chapter 3 用言語催眠對方的場面應用心理學

Chapter 4 俘獲人心的結交心理學

Chapter 5 拿捏分寸的人性心理學

Chapter 6 善用心計的駕馭心理學

目錄

Chapter 7 化解僵局的應急心理學

Chapter 8 看透他人內心的識謊心理學

Chapter 1

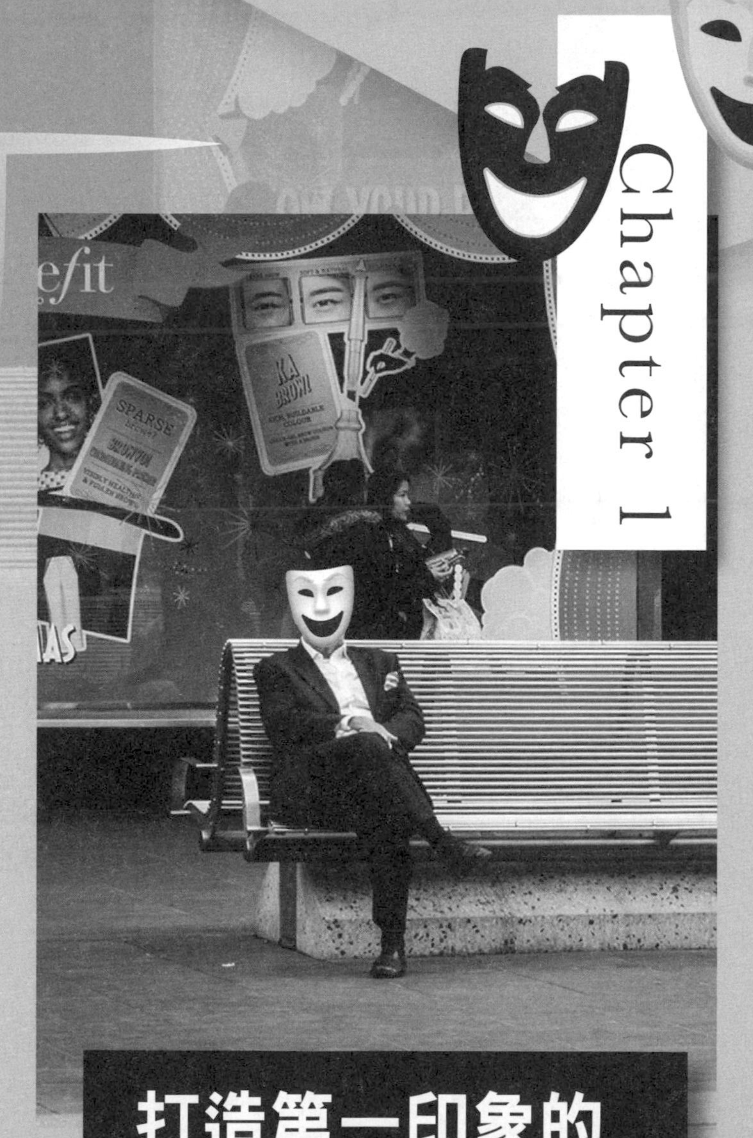

打造第一印象的陌生拜訪心理學

與初次見面的人如何拉近距離

「酒逢知己千杯少」，兩個意氣相投的人在一起總覺得有說不完的話。因此，我們在和陌生人交往時，不妨多多尋求彼此在興趣、性格、閱歷等方面的共同之處，使雙方在越談越投機的過程中獲得更多關於對方的資訊，迅速拉近距離，增進感情。

美國耶魯大學的威廉·費爾浦斯教授，是個有名的散文家。他在散文《人類的天性》中寫道：

「在我八歲的時候，有一次到莉比姑媽家度週末。傍晚時分，有個中年人慕名來訪，但姑媽好像對他很冷淡。他跟姑媽寒暄過一陣之後，便把注意力轉向了我。那時，我正在玩模型船，而且玩得很專注。他看出我對船隻很感興趣，便滔滔不絕講了許多有關船隻的事，而且講得十分生動有趣。等他離開之後，我仍意猶未盡，一直向姑媽提起他。姑媽告訴我，他是一位律師，根本不可能對船隻感興趣。『但是，

他為什麼一直跟我談船隻的事呢？』我問道。」

「因為他是個有風度的紳士。他看你對船隻感興趣，為了讓你高興並贏取你的好感，他當然要這麼說了。」

談論別人感興趣的話題能夠很容易拉近人與人之間的距離。對於這一點，下面的例子可以作證。

馬里蘭州的愛德華．哈里曼，退伍後選擇風景優美的坎伯蘭谷居住，但是在這個地區很難找到工作。哈里曼透過查詢得知一位名叫方豪瑟的企業家，控制了附近一帶的企業。這位白手起家的方豪瑟先生引起了哈里曼的好奇心，他決定去造訪這位難以接近的企業家。哈里曼如此記載了這段經歷：

「透過與附近一些人的交談，我知道方豪瑟先生最感興趣的東西是金錢和權力。他聘用了一位極忠誠而又嚴厲的祕書，全權執行不讓求職者接近的任務。之後我又研究了這位祕書的愛好，然後出其不意地去到她的辦公室。

這位祕書擔任保護方豪瑟的工作已有十五年之久，見到她後，我開門見山地告訴她，我有一個計畫可以使方豪瑟先生在事業和政治上大獲其利。她聽了頗為之動容。接著，我又開始稱讚她對方豪瑟先生的貢獻。這次交談使她對我產生了好感，隨後她為我定了一個時間會見方豪瑟先生。

進到豪華寬敞的辦公室之後，我決定先不談找工作的事。那時，他坐在一張大辦公桌後面，用如雷的聲音問道：『有什麼事，年輕人？』我答道：『方豪瑟先生，我相信我可以幫你賺到許多錢。』他立刻起身，引我坐在一張大椅子上。我便列舉了好幾個想好的計畫，都是針對他個人的事業和成就的。

果然，他立刻聘用了我。二十多年來，我一直在他的事業裡與他同時成長。」

初次見面若想給別人留下深刻的印象，就必須先消除彼此間的距離，總之，儘快地消除初次見面的陌生意識才能使對方留下永不磨滅的印象。

在社交場合裡，你稍一留心，就可以看出許多人當中，分類起來不外只有三種：愛說話的，愛聽人說話的和看來不愛說也不愛聽的。

第一類愛說話的，你若輕輕用一兩句話逗起他，他便會一直說下去。你只要具備忍耐涵養的功夫，不管他說得有無趣味，仍能細細聽著，那麼他就大為滿意，抑或你一句話也不說，也可能引你為知己。

第二種愛聽不愛說的，這一種人，對談話很感興趣，生性雖不大好說話，卻愛聽別人說話，人到非不得已時，話以少說為佳，但如今碰到了對頭，你若不說，這局面就不易維持下去，那麼你就非小心從事不可了。你可以從頭到尾包辦了說話的義務，但你要牢記著，你是說給對方聽的，不是說給你自己聽的。因此，說話不在

於僅圖自己痛快，而必須顧全到對方的興趣，你要為聽者想。

要探出對方的興趣，照例用幾個回合的對答就應該可以探出來，然後擇其感興趣的談下去。

別人願意聽你的談話，大概因為你有某一種值得聽聽的議論，或因你剛從某地旅行回來，或因你的事業經驗值得注意，或因你知道了一些特殊的新聞，或因你對於某一問題具獨特的見解，所以他才願意耐心聽你說。當你探出他興趣的焦點，就可以一直談下去。

怎樣快速讓陌生人對你有好感

在人生中，我們經常可以遇到這種情況：必須和一群不認識的人打交道。打破與他們之間的界限，消除無形的隔膜，順利地把自己的意見和思想傳達、灌輸給他們，使他們能欣然接受，並贊成擁護，甚至把他們變成自己的朋友，要做到這些絕對需要不凡的智慧。

「一見如故，相見恨晚」，歷來被視為人生一大快事。當今世界人際交往極其頻繁，參觀訪問、調查考察、觀光旅遊、應酬赴宴、交涉洽商……善於跟素昧平生者打交道，掌握「一見如故」的訣竅，不僅是一件快樂的事，而且對工作和學習大有裨益。那麼，如何才能做到「一見如故」呢?請看下面的例子。

富蘭克林．羅斯福剛從非洲回到美國，準備參加一九一二年的參議員競選。因為他是希歐多爾．羅斯福的侄子，又是一位有名的律師，自然知名度很高。在一次宴會上，大家都認識他，但羅斯福卻不認識所有的來賓。同時，他看得出雖然這些

人都認識他，然而表情卻顯得很冷漠，似乎看不出對他有好感的樣子。

羅斯福想出了一個接近這些自己不認識的人並能同他們搭話的主意。於是他對坐在自己旁邊的陸思瓦特博士悄聲說道：「博士，請你把坐在我對面的那些客人的大致情況告訴我，好嗎？」陸思瓦特博士便把每個人的大致情況告訴了羅斯福。

瞭解大致情況後，羅斯福藉口向那些不認識的客人提出了一些簡單的問題，經過交談，羅斯福從中瞭解到他們的性格特點和愛好，知道了他們曾從事過什麼事業，最得意的是什麼。掌握這些後，羅斯福就有了同他們交談的話題，並引起了他們的興趣。在不知不覺中，羅斯福便成了他們的新朋友。

一九三三年，羅斯福當上了美國總統，他依然採取和不認識者「一見如故」的說服術。美國著名的新聞記者麥克遜曾經對羅斯福總統的這種說服術評價道：「在每一個人進來謁見羅斯福之前，關於這個人的一切情況，他早已瞭若指掌。」

大多數人都喜歡順耳之言，對他們做適當的頌揚，就無異於讓他們覺得你對他們的一切事情都是知道的，並且都記在心裡。

說好初見時的第一句話

與陌生人打交道，誰都會存有一定的戒心，這是初次交往的一種障礙。而初次交往的成敗，關鍵要看如何衝破這道障礙。如果你用第一句話吸引對方，或是講對方比較瞭解的事，那麼，第一次談話就不僅僅是形式上的客套了。如果運用得巧妙，雙方會相處得更加融洽。

一般情況下我們可以採用自然的、敘述型的談話開頭，既能給人帶來親切感，同時還能使雙方找到共同的興趣點，進行更深一步的討論。

在一個嚴冬的夜晚，你與一位陌生人見面，「今晚好冷」這句話自然會成為你們之間所使用的開場白。單純地使用它，雖然也能彼此引出一些話來，但這些話也可能對彼此無關緊要，這樣，再深一步的交談也就困難了。但是，如果你這樣說：「哦，今晚好冷！像我這種在南方長大的人，儘管在這裡住了幾年，但對這種天氣還是難以適應。」如果對方也是在南方長大的，就會引起共鳴，接著你的話頭說出一些有關的事。如果對方是在北方長大的，他也會因為你在談話中提到了自己的故鄉在南方，而對你的一些情況產生興趣，有了想進一步瞭解你的欲望，這樣就可以把交談引向深入。

這種把自我介紹與談話有機結合的方式也比較自然，不會令人覺得牽強、不自在。

人們在不知不覺中，就會放棄戒備的心理，產生「親切感」。有時候從別人的興趣愛好著手，討論別人感興趣的話題很容易拉近人與人之間的距離。

把握好開頭的五分鐘

人們第一次相遇，需要多少時間決定他們能否成為朋友？美國朱尼博士在書中說：「交際的點，就在於他們相互接觸的第一個五分鐘。」他認為，人們接觸的第一個五分鐘主要是交談。在交談中，你要對所接觸的對象談的任何事都感興趣。無論他從事什麼職業，講什麼語言，以什麼樣的方式，對他說的話都要耐心傾聽。如果你這樣做了，你會覺得整個世界充滿無比的樂趣，你將交到無數的朋友。

許多人跟陌生人說話都會感到拘謹。建議你先考慮一個問題，為什麼你跟老朋友談話不會感到困難？很簡單，因為你們相當熟悉。相互瞭解的人在一起，就會感到自然協調。而對陌生人卻一無所知，特別是進入了充滿陌生人的環境，有些人甚至懷有不自在和恐懼的心理。你要設法把陌生人變成老朋友，首先要在心目中建立樂於與人交朋友的願望，心裡有這種要求，才能有行動。

以到一個陌生人家去拜訪為例：如果有條件，首先應當對要拜訪的客人作些瞭解，探知對方一些情況，關於他的職業、興趣、性格之類。

當你走進陌生人住所時，你可憑藉你的觀察力，看看牆上掛的是什麼？國畫、攝影作品、樂器……都可以推斷主人的興趣所在。當你抓到一些線索後，就不難找到開場白。

如果你不是要見一個陌生人，而是參加一個充滿陌生人的聚會，觀察也是必不可少的。你不妨先坐在一旁，耳聽眼看，根據瞭解的情況，決定你可以接近的對象，一旦選定，不妨走上前去向他作自我介紹，特別對那些同你一樣，在聚會中沒有熟人的陌生者，你的主動行為是會受到歡迎的。

要注意的是，有些人你雖然不喜歡，但必須學會與他們談話。當然，人都有以自我興趣為中心的習慣，若你對自己不感興趣的人不瞥一眼，一句話都不說，恐怕也不太好。別人會認為你很驕傲，甚至有些人會把這種冷落當做侮辱，因而產生隔閡。

和自己不喜歡的人談話時，第一要有禮貌；第二不要談論有關雙方私人的事，這是為了使雙方自然地保持適當的距離，一旦你願意和他結交，就要一步一步設法縮小這種距離，使雙方容易接近。

在你決定和某個陌生人談話時，不妨先介紹自己，給對方一個接近的線索，你不一定先介紹自己的姓名，因為這樣人家可能會感到唐突。不妨先說說自己的工作單位，也可問問對方的工作單位。一般情況，你先說說自己的情況，人家也會相應告訴你他的有關情況。

接著，你可以問一些有關他本人的而又不屬於祕密的問題。對方談了之後，你也應該順便談談自己的相應情況，才能達到交流的目的。

和陌生人談話，要比對老朋友更加留心對方的談話，因為你對他所知有限，更應當重視已經得到的任何線索。此外，他的聲調、眼神和回答問題的方式，都可以揣摩一下，以決定下一步是否能縱深發展。

有人認為見面談談天氣是無聊的事。其實，這要具體問題具體分析。如果一個人說：「這幾天的雨下得真好，否則田裡的稻苗就枯死了。」而另一個則說：「這幾天的雨下得真糟，我們的旅行計畫全都泡湯了。」你不是也可以從這兩句話中分析兩人的興趣、性格嗎？退一步說，光是敷衍性的話，在熟人中意義不大，但對與陌生人的交往還是有作用的。

如遇到那種比你更羞怯的人，你更應該跟他先談些無關緊要的事，讓他心情放鬆，以激起他談話的興趣。和陌生人談話的開場白結束之後，特別要注意話題的選

擇。那些容易引起爭論的話題，要儘量避免，為此當你選擇某種話題時，要特別留心對方的眼神和小動作，一發現對方厭倦、冷淡的情緒時，應立即轉換話題。

在與人聚會時，常常會碰到請教姓名的事，「請問你尊姓大名」。你要牢牢記住對方的姓名，對方說出姓名之後，你應立即用這個名字來稱呼他，當你碰到一個可能已經忘記了的人，你可以表示抱歉，「對不起，不知該怎麼稱呼您？」也可以說半句「您是——」，「我們好像——」，意思是想請對方主動補充回答，如果對方老練他會自然地接下去。

順利地與陌生人開始攀談，給人一個好印象，累積人脈資源為你所用。學會和陌生人攀談，誰都可能成為你的朋友。

與眾不同地吸引他人注意

千篇一律的東西容易讓人感到乏味。人與人打交道也是這樣，普通的人總是容易被忽視。不妨用些小技巧，製造一些戲劇性的效果，以引起別人的注意。

西元前一四〇年，漢武帝劉徹登基做了皇帝，徵召天下各地賢良正士。於是，全國各地的讀書人紛紛湧進長安城上書應徵，一時間長安城人滿為患。當時寫作使用竹簡，劉徹翻閱了堆積如山的竹簡，但只有一篇自薦書深深打動了他，獲得了御筆親點的唯一名額。此人便是後來著名的「智聖」東方朔。

漢武帝雖然用了東方朔，但只讓他做了個管公車的小官，平日很難見到皇帝更不用說得到皇帝的重用，而且一天領取的錢米只夠一宿和三餐。

東方朔思來想去，決定從給皇上餵御馬的「弼馬溫」入手。一日，他藉機向那班侏儒恐嚇道：「你們死在眼前了，還不知道嗎？」侏儒們驚問為什麼。

東方朔又說道：「我聽說朝廷召入你們這些侏儒，名為侍奉天子，實際上是設法除掉你們。因為你們既不能當官，又不能種田，也不能當兵打仗，對國家毫無用處，還要消耗糧食和衣物，還不如處死了好，可以省得許多費用。主要是怕殺你們沒有藉口，所以騙你們進來，暗地裡加刑。」

侏儒們聽了這話，個個嚇得要死。東方朔又假裝勸他們說道：「你們按我的計去做可以免去一死。」

侏儒們忙問有何妙計，東方朔說道：「你們必須等到皇帝出來時，叩頭請罪，如果天子問你們何事請罪，可推到我東方朔身上，包管無事。」

侏儒們信以為真，隨後天天到宮門外等候，好容易等到皇帝出來，便一齊到車駕前，跪伏叩頭、泣請死罪。武帝莫明其妙，驚問是何原因？眾侏儒齊聲說道：「東方朔傳言，臣等將盡受天誅，故來請死。」

武帝道：「朕並無此意，你們先退下，待朕問明東方朔便知道了。」

眾侏儒拜謝而去，武帝即命人召見東方朔。東方朔正愁沒有機會見到武帝，因此特設此計，既聽到召令，立即欣然趕來。

武帝忙問道：「你敢造謠惑眾，難道目無王法嗎？」

東方朔跪下答道：「臣東方朔生固欲言。死亦欲言，侏儒身長只有三尺多，每次領一份食物及錢二百四十文。臣東方朔身長九尺多，也是只得同樣食物一份及錢二百四十文，侏儒吃不完用不完，臣東方朔餓得要死。臣以為陛下求才，可用即用，不可用應該放我歸家，省得在城裡吃不飽穿不暖的，反正難免一死！」武帝聽了，不禁大笑，隨後任命他為待詔金馬門，這樣離皇帝更近了。

東方朔就是這樣另闢蹊徑，不按常規出牌，在處理事情上善於用一些可以產生戲劇性效果的方式，來引起皇上的注意，博得皇上的好感，可謂是效果顯著。

今日，我們不妨效仿一下這位「東方智聖」，換一種思維方式，不隨波逐流，能夠多運用智慧、幽默等製造出一些特別的效果來，一定會為你的人際交往增色不少。不過，在應用的時候，也要注意切不可弄巧成拙。

第一次與客戶見面如何零距離溝通

第一次與客戶見面，並不是一開始就完全切入正題。如果打一個招呼就開始介紹自己的商品，迫不及待地反覆強調自己的商品是如何完美以及購買該商品有什麼好處，然後就請購買，這種推銷方式很難有好的結果。

選擇適當的話題，縮短與客戶之間的距離，使自己逐漸被客戶接受，然後把話題引向自己的商品，因而開始商談，這樣才是成功推銷的正確途徑。

那麼，如何選擇與客戶接近的話題呢？這裡有一條不應該忘記的原則：在每個人看來，這世界上最重要最親近的人就是他自己，他所喜歡聽的，當然是別人提起他自己的事。因此，最好的話題是談起對方最關心的事。

如果想讓客戶喜歡你、接受你，使商談獲得成功，就有必要多花些心思研究客戶，對他的喜好、品味有所瞭解，這樣，推銷時才能有的放矢。曾有這樣一位成績優良的推銷員，為了在商談中能夠配合對方的嗜好，他努力培養了總共二十三種不同的興趣愛好。當然，他不可能二十三種愛好都做到樣樣精通，要知道，他是在瞭解到其客戶對釣魚、圍棋、高爾夫球、賽馬等頗有研究之後，為配合與他們商談時的話題而一一學習起來的。這位仁兄果然是位有心人，他的努力使他得到充分的回報：銷售額的提高是不在話下的，而且，這些嗜好一經建立，都會使他終生受益，並且，越來越深入。

找客戶談他感興趣的話題可以試著從以下方面選擇：

一、自然現象：比如，大氣、地表、泥石流。
二、電視劇：在受人歡迎的電視劇中很容易找到共同點。
三、旅行：某某景點如何也容易引起客戶興趣。
四、住房：是當今社會的一個焦點話題。
五、環境和健康。
六、足球：如果與客戶也是球迷，會一下子拉近彼此之間的距離。
七、棋類：特別是圍棋、象棋。
八、股票：如果客戶有在炒股票，可以針對不同投資方式進行比較。
九、職業和經歷。

從牆上掛的照片、桌上擺的書籍、玻璃櫃裡擺放的對象，你都可以推測出客戶

的愛好和興趣，也可以從中找到話題。對一個愛好廣泛、知識面廣的人來說，引人入勝的話題無處不在，推銷人員在擴大自己的適應記憶體方面應做出不懈的努力。

現代行銷充滿競爭，產品的價格、品質和服務的差異已經變得越來越小。推銷人員也逐步意識到競爭核心正聚焦於自身，懂得「推銷產品，首先要推銷自我」的道理。要「推銷自我」，首先必須贏得客戶的信任，沒有客戶信任，就無法做到與客戶的零距離交流，更無從談起贏得銷售成功的結果。

如何漂亮地為他人介紹

在社交場合中，介紹與被介紹是很重要的一環。透過介紹，新的友誼得以形成，新的朋友得以相識，彼此間的志趣得以溝通，業務上的接觸也從此開始了。

當你開始介紹的時候，請記著下面這些基本的禮節。

假如有三個人在一起，而其中兩個人已經互相認識，第三者卻跟其中一個人不認識，那麼另一個人就有義務擔當介紹人，把第三者介紹給這個人認識（或把這個人介紹給第三者認識）。當你招待不止一個客人的時候，如客人中有互不認識的，做主人的也要負起介紹的責任，使這些彼此不認識的人成為朋友。

通常是把男士介紹給女士，即在介紹過程中，小姐的名字應先提，再提男士的名字。如，「李小姐，我來為妳介紹一位朋友，這是陳先生。」

有時亦有例外。如果你要介紹一男一女認識，而男的年紀比女方大很多時，則應該將她介紹給這位男士，以示尊敬長者之意。如，「張先生，讓我介紹我的外甥女給你認識。」

在同性別的兩人中，年輕的應被介紹給年長的，表示尊敬長者之意。未結婚的通常被介紹給已結婚的，除非未結婚的男士（或女子）年齡比已結婚的大很多。

在年紀相差不大的男士中，並不計較誰被介紹給誰，但當某人在社會上是德高望重，或是有名望有地位時，別的人自當被介紹給他。總而言之，在介紹過程中，先提某人的名字乃是對此人的一種敬意。

歸納上面的原則，是年輕的或後輩的被介紹給年長的或前輩，男的被介紹給女的，但是丈夫介紹妻子給別人則屬例外。

介紹時，最好把對方的服務機關或就讀學校順便說出。至於舊式中國人介紹雙方籍貫的辦法，對長一輩的還是可以採用的。介紹人如果能找出雙方的某些共同點更好，比如某甲是位作家，某乙是位出版商，則應該把這點有關聯的關係說出來，這樣會使雙方談話更順利。

介紹自己的家人給客人認識，不應在家人的姓名後面加上「先生」、「太太」或「小姐」等稱呼。但是女兒如果已經結了婚，也可以加「太太」兩字，例如，「我的女兒張太太」，以免對方誤會她還是個「閨女」。

介紹的時候，丈夫應稱外子，但是直接稱「丈夫」或含蓄點稱「先生」也可以，兒子或女兒應稱小兒或小女，兄弟與姐妹應稱家兄或家姐、舍弟或舍妹，然後，再加上他們的名字。

如果是介紹自己的丈夫則姓和名都要加上。例如向客人介紹自己的女兒時，應說：「這是小女秀芳。」如果介紹給青年男女，則說：「王先生，你見過我的小女秀芳沒有？」如女兒已經結了婚，就如前面所說的：「我的女兒張太太。」（這時可不必稱「小女」了）介紹自己的丈夫，應該說：「李太太，讓我介紹我的丈夫張英才吧。」或「這是外子英才。」向父母親介紹自己的朋友，可說：「爸爸（或媽媽），這是我的朋友何治平先生（或何先生）。」

此外，有一些情況要注意。不願相識的人不可貿然介紹認識。女子偕男友外出而碰到女友或另一對男女，可點頭招呼，但無須介紹，除非其中某一方提出這個要求。

在社交場合或有人來家做客時，把自己的妻子或丈夫介紹給初次會面的朋友，是有一定講究的。當丈夫把妻子介紹給朋友時，應首先將對方介紹給妻子，然後再將妻子介紹給朋友。而當妻子介紹丈夫給朋友認識時，應首先將丈夫介紹給對方，然後再把朋友介紹給丈夫。

妻子擔任介紹工作，無論對方是先生還是女士，都應該首先介紹自己的丈夫。介紹之前，可以徵得朋友的同意，應當這樣說：「王先生，我介紹我的丈夫與你相識好嗎？」如果把次序顛倒過來，說成：「王先生，我介紹你和我丈夫見面好嗎？」那是沒有禮貌的。

為他人介紹即是第三者為彼此不相識的雙方引見的介紹方式。在人際交往中，如何漂亮地為他人介紹？我們總是能夠碰到為他人介紹的機會，其中的道理每個人都必須弄清楚。

渲染氛圍，增強對別人的注意力

生活中，無論是吃飯，還是學習，大家總喜歡說：「要有氛圍！」沒錯，氛圍真的很重要，尤其在與人交往的時候，如果渲染得當，可以大大增強你的吸引力。

為了豐富學生的課外生活，某大學專門邀請一位著名教授舉辦了一個講座，但由於臨時改變地點，時間倉促，又來不及通知，結果到場的人很少。教授到了會場才發現只有十幾個人參加。

他有點尷尬，但不講又不行，於是他隨機應變，說：「會議的成功不在人多人少，今天到會的都是精英，我因此更要把課講好。」

這句話把大家逗得開懷大笑。這一笑，活躍了氣氛，再加上教授講課充滿熱情，使得那一次講座非常成功。

人際交往就如同舞臺上的演出，為了演出的成功，不僅需要很好的臺詞、演技，

還需要一種看不見、摸不著，卻必不可少的——氛圍。就像電影中，要有背景音樂來渲染氣氛。在人際交往的場合，也往往需要營造點氛圍，好像交際的潤滑劑，使交際能順利地進行下去。

在交際活動中，如果把交際桌看成是會議桌，氣氛就很難營造起來，也無法讓對方投入。想讓對方投入，一般要靠自己的帶動。有一種生意人，他們可以在會議桌上非常嚴肅、非常理智，然而，一旦到了社交場合，卻又放得很開，與人拼酒、唱歌、開各式各樣的玩笑，一副百無禁忌的樣子。其實，他們是在營造交際氣氛。

在日常生活中，個人的情緒體驗是受多種因素影響的，如光線、氣溫、雜訊以及衛生條件等都會左右我們的情緒，而這些情緒反應又影響到人際吸引力。梅和漢密爾頓的實驗研究就證明了不同的音樂背景對人際吸引力的影響。

他們以女大學生為被試，首先測定她們最喜歡和最不喜歡的音樂，然後請她們評定一些陌生男性的照片，在評定過程中播放不同的背景音樂作為襯托。結果發現，當碰到她們喜歡的音樂作為背景時，對照片中的人物評價較高；當用她們不喜歡的音樂作為評價背景時，對照片中的人物的評價往往較低；而在沒有音樂背景配合時，評價介於上述兩種情況之間。

個體的體驗不僅受物理環境的影響，同時還受個人的知識、經驗、個性等因素的影響，帶有強烈的個人主觀色彩。在人際交往中，我們應當看到個體的主觀體驗會影響我們對一個人的評價。

當我們作為社交活動的組織者或主導的一方時，應當注意環境佈置的細節問題，使客人們能在清潔舒適、平等友好的場合中暢所欲言。同時，在具體的交往場合中，我們自己又要發揮理智的、能動的調節作用，儘量客觀地評價交往對象，不要受環境氛圍的困擾和迷惑。

在和諧、融洽的交際氛圍中，在平等、自由等具有安全感的人際情境中，我們更願意進行主動的交流與溝通。因而，在人際交往時，我們要善於透過環境、幽默的言談等營造良好的交際氛圍，以增加吸引力。

重複對方的話，讓人留下好印象

社會上，無論與什麼類型的人打交道，我們都希望給對方留下深刻的好印象。可是，具體該怎樣去實現呢？其實很簡單——溝通的過程是最容易獲得朋友信任的時候，而溝通過程中能否適當地重複對方的話尤為重要。

適當重複對方的話，既可以增強自己的理解程度，表現別人對對方的尊重，還可以對問題和結果進行強化，激發對方對談話的興趣、加深對自己朋友之間的交往，必須給人以信任感，這是不言而喻的。

很多人都有這樣的錯誤認識，總是重複對方的話好像顯得自己比較囉唆，容易引發他人的不滿，但實際情況並非如此。的確，過多的重複容易給人造成錯覺，然而要是重複得恰到好處，適當的重複對方說話的重點，那麼對方便認為你很重視這次談話，能夠抓住談話的重點，那樣的話，效果就不一樣了。

不得不承認，大部分的人都對自己的語言都有一種特殊的感情，尤其是在某些情況下經過深思熟慮之後的發言，這類發言對於他們自我滿足感來說相當重要。此時，一旦我們對他人的話不以為意或者不加重視，那麼很難讓他人對我們有什麼深刻的好印象，相反還會把我們納入不能「志同道合」的陌生人範疇，那樣我們就無法和這樣的人接觸、獲得他的好感了。

其實，在這個過程中，我們只要以同樣的心情瞭解對方的煩惱與要求，滿足一下他們內心滿足感或者說虛榮心，很容易收到相反的好效果的。

例如，在與朋友交談時，當聽取了朋友的某種意見時，一面要點頭表示自己同意，一面要適當重複對方的話，這樣就能讓對方感覺受到了重視，因而不由自主地將心裡話說給你，將你當做好朋友來接待。

所以，請你記住：在恰當的時候重複對方說話的重點，這是一種加深他人對我們印象的一種最簡單有效的方法。

妙用「地形」，讓對方從心裡喜歡你

古往今來，軍事上一直都非常講究地形因素，其對作戰的成敗，往往至關重要。其實，在交際心理學裡，「地形」同樣十分重要，如果能佔據優勢「地形」，你就會很容易博得對方喜歡，贏得好感。

關於這一點，美國心理學家穆勒爾和他的助手曾做過一個有趣的試驗，證明許多人在自己的會客廳裡談話，比在別人的客廳裡更能說服對方。由此顯示，人們在自己熟悉的地方與人交往容易無拘無束，可以靈活主動地展現或推銷自己，有利於社交的成功。

試想，在別人熟悉而自己不熟悉的地方交往，我們很容易產生莫名其妙的不安和恐懼，難以灑脫自如，自然處於劣勢。這就是為什麼經人介紹對象的時候，兩人初次見面往往喜歡選擇在自己的「領地」內進行，而不願在對方「地盤」內進行。

既然在與人相處時，雙方的位置很重要，我們就應該學會在交際中多營造對自己有利的地形條件。具體來講，可以參考以下一些要點。

第一，相距五十公分能給對方留下好印象。要使對方對你產生好感，與談話者就應保持理想的距離。談話的距離較近，能製造融洽的氣氛，消除緊張情緒。最合適的距離就是一方伸出手可以搆到另一手，即五十公分左右。

第二，對初次見面的對方，採取立於旁邊的位置，較能迅速建立親近感。初次見面，和人面對面地談話，是一件不好受的事。因為兩人之間的視線極易相遇，導致兩人之間的緊張感增加。而坐在旁邊的位置，則不必一直注意對方的視線，因而容易輕鬆下來。

第三，坐椅子時，淺坐的姿勢會令人產生好感。交談時，如果對方深深地坐在沙發或椅子上，甚至上半身靠在椅子上，那麼說明他根本沒有專心聽講，缺乏誠意。相反，如果淺坐在椅子前端的三分之一處，就會使人產生好感。

第四，黑暗有助於人們交往。在光線暗的地方，人們比較容易親近。心理學的實驗也顯示，黑暗是人們親密起來的保護傘。當你想與他人建立親密關係的時候，就應儘量請他們到酒吧、俱樂部、咖啡室等地方去。

當然，最佳地利是有條件的、辯證的、可以變化的，在自己熟悉的地方交往，在一般情況下是有利的。但若對方是老人、長者、女士等，讓他們也屈身就己，恐

怕於情於理都說不過去。相反，倘若聽憑他們選擇，自己前往他們的地盤，則更能表現對他們的照顧、體諒和尊重，這樣做本身就極有利於社交的成功。

地點是與交往的目的密切聯繫的，二者相符方能收到最佳效果。高級飯店、豪華餐廳是招待高級賓客的好去處，而花前月下、幽靜隱蔽之地是談情說愛的理想場所，辦公事在公司為宜，辦私事則到家裡辦。因事而定，隨事而變，才是明智的選擇。

在自己的領地內，固然容易充分發揮自己的交往潛能，可是時常也會伴有少了約束的弊端，使自己的缺點外露。而在別人的地盤內進行，雖然受到的約束較多，然而卻可用心專一，利於深層次、多方位地觀察和瞭解對方。所以，真正的社交高手，絕不局限於自己的領地，而是既可以「請進來」，也可以「走出去」，是不會作繭自縛的。

反覆暗示，讓他對你加深印象

心理學家指出，交際過程中，透過對一點的反覆強化、暗示、刺激，對方便會以此為基礎，加深對你的印象。

關於這一點，我們就以常見的「反覆性的暗示」為例。這是應用了一個人如果反覆接受幾次相同的刺激，這種刺激就會在意識中留下某種「痕跡」這種心理學上的原理。但是，如果僅僅是單純的「反覆」，那麼就猶如「在米糠中釘釘子」——徒勞一場。所以，要把這種暗示效果用於那些有先入之見的人時，必須考慮到對方是根據個人的經歷使自己的先入之見得到「強化」的。

大家知道，有的宣傳或廣告是透過引人注意的詞句或特定的標誌來加深我們對商品或人物的印象的，這其中的道理和暗示的作用是一樣的。不僅僅是宣傳、廣告，在面對面地與對方交流時，如果也能這樣多次重複與對方的先入之見完全不同的語言或態度，也會收到良好的效果。

有一個志願當歌手的年輕人去拜訪一位作曲家，作曲家將他拒之門外。但是這個年輕人就在作曲家門前靜坐不起，最後作曲家終於接待了他。這種「苦肉計」看起來似乎與說服無關，但是可以說這符合「透過重複加深印象」的道理。這樣，年輕人透過將自己例外化，告訴作曲家「我與其他志願者不同！」由此打破了作曲家的先入之見。

這種透過重複來加深印象的交流之所以奏效，是因為它在給對方心理上帶來「暗示作用」的同時，對方可以建立一種對你有利的「新觀念」。

客觀來講，接收到相同的資訊，會讓人形成它們確實很重要的錯覺，因而將它們儲存起來。透過這種方式，對方就能對你的想法留下深刻的印象，並轉化成記憶保存下來。因此，優秀的交際高手，都會不斷地使用「反覆性的暗示」。

「反覆性的暗示」有兩種不同的操作模式，一是重複相同的語句；二是換湯不換藥，用不同的方式表達相同的意念。兩者情況大致如下：

第一，反覆使用相同的語言。一而再，再而三地運用字義相同或相近的語言。比如，你的友人患了癌症，非得動手術才能存活下去。偏偏你的朋友十分怕動手術，這時你就必須說服他接受手術。為此，你得不停地重複告訴他：「你想活下去，就得動手術，否則的話……還是儘快接受手術吧！」

第二，用不同的方式重複相同的意念。如果老是重複相同的語句，弄不好反而讓人覺得你婆婆媽媽，不堪其擾。因此，變換方式來表達相同的意思，就能避免這種情況的發生。

我們不妨舉上面的例子來做變化。「你想繼續活下去，對吧！如果你放棄的話，情況只會越變越糟！目前沒有比動手術更有效的方法了！你看看人家小李，手術後不是痊癒得很快嗎？如果你動了手術，也會跟他一樣。振作點，別再說喪氣話啦！」這樣是不是比上面的例子更能夠表達你的心意？

「重述是修辭學上唯一的原則」。剛開始只有你自己明白，別人未必能摸得著頭腦。因為理解一種新的觀念，很需要一些時間，並且必須集中整個注意力。所以為使人家徹底瞭解，必須反覆申說解釋，但是不可以用一句完全相同的話，免得聽眾反感。最好用幾種不同措辭，改換幾種說法，你的聽眾就不會當你是重複了。

你要讓對方對你印象深刻，想讓對方對你先入之見有客觀的認識，你就可以遵循這一原則：給他人反覆的暗示。

Chapter 2

叩開人心的 求人辦事心理學

激將法求人妙不可言

激將法是求人的一種高超技巧，使用激將法往往能夠使對方感情衝動，因而去做一些他在平常情況下可能不會去做的事；激將者還可以激起對手的憤怒感、羞恥感、自尊感、嫉妒感或羨慕感，等等，這樣，被求者在激動之中來不及考慮太多就答應下來，造成了這樣一種結果：這些事不是你求他，而是他自己要做的。

唐天佑年間，叛臣朱全忠用計誘騙五路兵馬反駐守太原的唐晉王李克。叛軍中有一員猛將高思繼異常勇猛，且善用飛刀，百步取人首級，後來被李存孝生擒。李存孝本意留他在帳前聽用，可高思繼卻執意要回山東老家過田園生活，以此改惡從善。

後來，李存孝被奸臣康立君、李存倍所害。朱全忠聞李存孝已死，又發兵來犯，

其帳前王彥章不僅勇猛蓋世，且智謀過人。晉王將士皆啞然相對，無人請戰。

晉王見狀，痛哭一場，長子李嗣源說道：「昔日降將高思繼閒居山東鄆州，何不請他迎敵？」晉王聞言大喜，遂命李嗣源前往山東求將。

李嗣源來到山東鄆州，直奔高家莊尋高思繼。提起前事，高思繼說道：「自勇南公存孝擒我，饒了性命，回到老家，『苦身三頃地』，與世無爭，今已數年，早把兵家爭戰之事置之身外。今日相見，別談這些。」

李嗣源見高思繼已無出山之意，於是在心裡暗暗琢磨良策。自古道：文官言之，武將激之。對高將軍好言相求，難以奏效，必須巧用激將之法，激其就範。於是，李嗣源編出一通謊言，說道：「天下王位，各鎮諸侯，皆聞將軍之名，如雷貫耳，稱羨不已。我與王彥章交兵敗下陣來，我對王彥章說：『今日趕我，不足為奇，你如是好漢，且暫時停戰。我知道山東渾鐵槍白馬高思繼，蓋世英雄，有萬夫莫開之勇，待我請來，與你對敵。』王彥章見我陣前誇耀將軍，憤然大叫：『就此停戰，待你去請他來，不來便罷，若到我這寶雞山來，看我不把他剁成肉醬！』」

高思繼本是勇武之人，生性直爽豪放，經此一說，不禁激得心頭火起，口中生煙，大叫家丁：「快備白龍馬來，待我去生擒此賊！」遂披掛上馬，辭家出山，向寶雞山飛馳而去。

高思繼和李嗣源快馬加鞭，日夜兼程，趕到唐營，不但唐晉王喜出望外，三軍將士亦是異常振奮。第二天，王彥章又來挑戰，唐晉王引高思繼出馬迎戰，高思繼與王彥章廝殺起來，連鬥三百回合，難分勝負，直戰到天黑，雙方見天色已晚，才鳴金收兵。

這次雖然戰個平手，卻是唐軍出師以來的第一次，軍威大振，信心大增，個個摩拳擦掌，準備來日再戰。

高思繼本來已經看破沙場紅塵，決心棄武從耕，安度田園生活。李家雖對他有再生之恩，但正面動員其出山，他卻以「與世無爭」相拒。然而，當李嗣源借用謊言激他時，他卻毅然披掛上馬，重返戰場，一鬥就是三百回合。可見，激將勵志確實是遊說的一個重要手段。

看人說話，順水推舟把事辦

你如果要求人辦事，就要瞭解對方是什麼樣的人。每個人的脾氣性格不同，所以他的接受方式也不同。要想達到求人成功的目的，就要收集資訊，因人而異，運用恰當的技巧，對症下藥。千萬不可意氣用事，一言不合，怒髮衝冠，引起被求對象的反感，這絕不是解決問題的正確方法。

《三國演義》中有這樣一個例子：

馬超率兵攻打葭萌關的時候，諸葛亮對劉備說：「只有張飛、趙雲二位將軍，方可對敵馬超。」這時，張飛聽說馬超前來攻關，主動請求出戰。

諸葛亮佯裝沒聽見，對劉備說：「馬超智勇雙全，無人可敵，除非往荊州喚雲長來，方能對敵。」

張飛說：「軍師為什麼小瞧我？我曾單獨抗拒曹操百萬大軍，難道還怕馬超這個匹夫！」

諸葛亮說：「你在當陽拒水橋，是因為曹操不知道虛實，若知虛實，你怎能安然無事？馬超英勇無比，天下的人都知道，他渭橋六戰，把曹操殺得割鬚棄袍，差一點喪命，絕非等閒之輩，就是雲長來也未必戰勝他。」

張飛說：「我今天就去，如戰勝不了馬超，甘當軍令！」

諸葛亮看「激將法」起了作用，便順水推舟地說：「既然你肯立軍令狀，便可以為先鋒！」

在《三國演義》中，諸葛亮針對張飛脾氣暴躁的性格，常常採用「激將法」來說服他。每當遇到重要戰事，先說他擔當不了此任，或說怕他貪杯酒後誤事，激他立下軍令狀，增強他的責任感和緊迫感，激發他的鬥志和勇氣，清除輕敵的思想。

求別人辦事的時候，倘若能夠明白對方屬於哪種類型的人，說起話來就比較容易了。現列舉六類人供參考：

一、死板的人

這種類型的人比較木訥，就算你很客氣地和他打招呼、寒暄，他也不會做出你所預期的反應來。他通常不會注意你在說些什麼，甚至你會懷疑他是否聽得進去。

求這種人的時候，剛開始多多少少會感覺不安，但這實在也是沒辦法的事。舉個例子，當你遇到某先生時，直覺馬上告訴你：「這是一個死板的人。」此人體格健壯，說話帶有家鄉口音，至於他是怎樣的一個人，你卻不太清楚。除了從他的表情中可以察覺出些許緊張之外，其他的，一點也看不出來。

遇到這種情況，你就要花些工夫注意他的一舉一動，從他的言行中尋找出他所真正關心的事來。你可以隨便和他閒聊一些中性話題，只要能夠使他回答或產生一些反應，那麼事情也就好辦了，接下去，你要好好利用此類話題，讓他充分表達自己的意見。

每一個人都有他感興趣、關心的事，只要你稍一觸及，他就會滔滔不絕地說，此乃人之常情。

二、傲慢無禮的人

有些人自視清高、目中無人，時常表現出一副「唯我獨尊」的樣子。像這種舉止無禮、態度傲慢的人，實在讓人看了生氣，是最不受歡迎的典型。但是，當你有事需求他幫忙的時候，你應該如何對付他呢？

對付這種類型的人，說話應該簡潔有力才行，最好少和他囉唆，所謂「多說無益」正是如此。因此，你要儘量小心，以免掉進他的圈套裡。不要認為對方「客氣」，你也禮尚往來地待他，其實，他多半是缺乏真心誠意的。你最好在不得罪對方的情況下，言辭盡可能「簡省」。

三、深藏不露的人

我們周圍有許多深藏不露的人，他們不肯輕易讓人瞭解其心思，或讓人知道他們在想些什麼。有時甚至說話不著邊際，一談到正題就「顧左右而言他」，自我防範心理極強。求這樣的人更是難上加難，往往讓人無所適從。

當你遇到這麼一個深藏不露的人時，你只有把自己預先準備好了的資料拿給他看，讓他根據你所提供的資料做出最後決斷。

人們多半不願將自己的弱點暴露出來，即使在你要求他做出回答或進行判斷時，他也故意裝傻，或者故意言不及義地閃爍其詞，使你有種「莫測高深」的感覺。其實這只是對方偽裝自己的手段罷了。

四、草率決斷的人

這種類型的人，乍看好像反應很快，你求他時，他甚至還沒聽明白你到底要幹什麼的時候，忽然做出決斷，給人「迅雷不及掩耳」的感覺。由於這種人多半是性子太急了，因此有的時候為了表現自己的「果斷」，就會顯得隨便而草率。

倘若你遇見這種人，最好把談話分成若干段，說完一段之後，馬上徵求他的意見，沒問題了再繼續進行下去，如此才不會發生錯誤，也可避免發生因自己話題設計不周到而引出的不必要的麻煩。

五、行動遲緩的人

對於行動比較遲緩的人，交涉時最需要耐心。

有一位年輕而稍顯肥胖的女士，也許因為體型的關係，她做起事來，總是比別人慢半拍，感覺上，工作效率總比別人差一點。嚴格說起來，倒不是她的辦事能力不如其他同事，只不過她做起事來太過「慢吞吞」而已。

求人時，可能也經常會碰到這種人，此時你絕對不能著急，因為他的步調總是無法跟上你的進度，換句話說，他是很難達到你的辦事標準的。所以，你最好按捺住性子，拿出耐心，言談上永遠別透出惱火的意思，並且盡可能配合他的情況去做。

有些人言行不一致，他可能說話明快、果斷，只是行動並不相符。我們要學會遇到什麼樣的人說什麼樣的話，這樣便會大大提高辦事效率。

利用邊緣人物疏通

要想在解決問題過程中穩操勝券，除了著眼於主管、老闆一類正式組織身分的負責人外，還應該爭取足以影響主管老闆的非正式的「權威人物」的同情、支持和幫助。透過當事人或上級主管人的親友故舊，來說服當事人，成功的可能性就大得多。

從某一方面說，有些時候，即使是上級主管和具體辦事人員同意解決的問題，也會由於下屬某一環節作梗而擱置下來。負責這一環節的人不論職位大小，也就變成了解決問題所必須疏通的「關鍵人物」。這時候你切不可因他無權無職，就以為可以隨便應付，否則你的好事就可能壞在他的手中。

一天，一位辦理房地產轉讓的房產公司推銷員來到一位客戶家，帶著這位客戶朋友的介紹信。彼此一番寒暄客套之後，就聽他講開了：「此次幸會，是因為我的同學孫某極為敬佩您，叮囑我若拜訪閣下時，務請您在這個雕像上簽個名……」邊說邊從公事包裡取出這位朋友最近才完工的一個小型雕像。於是，這位朋友不由自主地信任起他來。

在這裡，孫某的仰慕和簽名的要求只不過是個藉口，目的是說明自己與孫某的關係，並且對這位朋友進行恭維，使他開懷。

素不相識，陌路相逢，如何讓所求之人瞭解你與他是朋友的朋友，親戚的親戚，顯然十分牽強，但一般人不會駁朋友的面子，斷不至於讓你吃閉門羹。這是一條求人的捷徑。

托人辦事透過第三者的言談，來傳達自己的心情和願望，在辦事過程中是常有的事。人們會不自覺地發揮這一技巧。比如，「我聽同學老張說，你是個熱心人，求你辦這件事肯定錯不了」，等等。但要當心，這種話不是說說而已的，也不能太離譜，有時有必要事先做些調查研究。

為了事先瞭解對方，可向他人打聽有關對方的情況。第三者提供的情況是很重要的，尤其是與被求者的初次會面有重大意義時，更應該盡可能多方收集對方的資料。

但是，對於第三者提供的情況，也不能全部端來當話說，還要根據需要有所取捨，配合自己的臨場觀察、切身體驗靈活引用。同時，還必須切實弄清這個第三者與被託付者之間的關係。這一點非常重要，不然，說不定效果適得其反。

俗話說得好，托人辦事，不能在「一棵樹上吊死」。盯死主要目標，全力以赴，固然很重要，但是對於目標周圍的那些「邊緣人物」，也要多多花費心思，有時甚至能起到意想不到的作用。他們就像一條條地道，可以順利地把你送到成功的彼岸。

借用「枕邊風」施加影響

找人辦事，不妨利用「枕邊風」對當事人施加影響。幽默大師林語堂曾斷言：中國一向就是女權社會，女人總是在暗地裡對男人施加影響，左右著男人的心理情緒和處事態度，無形中便決定了事態的發展。一些老謀深算者深諳此道，找人辦事時，專門利用女人做些文章，結果事半功倍。

西漢初年漢高祖劉邦率領大軍與匈奴交戰。劉邦求勝心切，帶領騎兵追擊敵軍，不料中了匈奴埋伏，被迫困守白登山。後續部隊被匈奴軍隊分頭阻擋在各要路口，無法前來解圍，形勢十分危急。眼見漢軍糧草越來越少，傷亡將士不斷增加，劉邦君臣急得像熱鍋上的螞蟻，坐立不安。

跟隨劉邦的謀士陳平連日以來，無時不在苦思冥想著突圍之計。這天，他正在山上觀察敵營動靜，突然發現山下敵軍中一男一女在共同指揮匈奴兵。經瞭解得知那是匈奴王冒頓單于和他的夫人閼氏。

他靈機一動，從閼氏身上想出一條計策，回去和劉邦一說，馬上得到了允許。

接著陳平派一名使者，帶著金銀珠寶和一幅圖畫祕密地去見閼氏。使者用高價買通了閼氏帳下的小番，得到進見閼氏的機會。見到閼氏後，使者指著禮物說：「這些珠寶都是大漢皇帝送給您的，大漢皇帝想與貴國和好，所以送來禮物，請務必與匈奴王疏通疏通。」

閼氏的心被這份厚禮打動了，全部收下。

緊接著，使者又獻上一幅圖畫，打開一看，原來上面畫的是一位嬌美無比的美女。使者說：「大漢皇帝怕匈奴王不答應講和，準備把中原頭號美人獻給他。這就是她的畫像。請您先過目。」

閼氏接過畫像一看，圖上的美女就像天仙一般漂亮，她想，如果自己的丈夫得到如此美麗的中原女子，還有心思寵愛自己嗎？想到這裡，她搖著頭說：「這用不著，拿回去吧！我請單于退兵就是了。」

使者捲起圖畫，告辭了。

閼氏送走漢軍使者後，去見匈奴王，她說：「聽說漢軍的援軍快打過來了，這裡的漢軍陣地又攻不下來。一旦他們的援軍趕來，我們就處於被動了。不如接受漢

朝皇帝講和的條件，乘機向他們多要些財物。」

匈奴王經過反覆考慮，終於同意了夫人的意見。後來，雙方的代表經過多次談判，達成了停戰協議。

利用「枕邊風」求人辦事確實是一種不錯的選擇。有許多辦事高手，就深諳此道，求人最愛在女人身上做手腳，其結果總是事半功倍、屢試不爽，即使朋友也莫不如此。

利用孩子感動對方

人常說：要討母親的歡心，莫過於讚揚她的孩子。一些乖巧的人常常利用孩子在辦事過程中充當溝通的媒介，一樁看似希望渺茫的事，經過孩子的起承轉合，反倒可以迎刃而解。

第二次世界大戰時，利維在美國經營一家影片進出口公司，手下一名叫佛蘭克的閉路電話專家脾氣暴躁，動輒不時和別人爭吵，連利維也不例外。

一天，為了一個實驗問題，佛蘭克同研製組的另一位助手爭執不下。他大動肝火，又拍桌子又摔東西，利維過去勸阻也被佛蘭克大罵了一頓。正在他們鬧得不可開交時，佛蘭克的小女兒走進了實驗室。小女兒看見她爸爸那副怒髮衝冠的樣子，嚇得哭了起來。佛蘭克見狀再也顧不上同別人吵架，趕快跑過去，賠著笑臉哄逗她。

看到這一情景，利維心裡猛地一亮，發現佛蘭克雖然看誰都不順眼，但對留在他身邊的小女兒卻是百依百順，視為掌上明珠，不難看出這小女兒是他的主要精神

寄託。為了使佛蘭克有充實的精神生活，利維立刻在公司附近為他租了一幢非常漂亮的房子，好讓他能經常和女兒生活在一起。

本來，利維手頭的資金十分吃緊，在這種情況下，還為佛蘭克租房，佛蘭克心裡很過意不去，因此堅持不搬。後來利維告訴佛蘭克：「你的千金安妮已替你做主了。」利維繼續說，「她說你心境不好，容易發脾氣，這會傷身體的。如果她能住在附近照顧你，你就不會發脾氣了。起初，我也拿不定主意，可是小安妮最後還說：『我爸爸多可憐呀，我不能讓他再忍受孤獨了。』」

聽完了這番話，佛蘭克的眼裡充滿了淚水，他最終順從了利維的安排，搬進了新居。

利維為佛蘭克租房，雖然破費了不少金錢，可是搬家這件事所產生的影響遠遠不是這點金錢所能比擬的。利維在資金狀況窘困的時刻，仍然把佛蘭克的生活快樂看得比金錢更重要，這就不能不使佛蘭克感恩蒙德，甘為利維所利用。

暗中智取，讓對方為你辦事

有事情需要求人時，也可以暗中智取，讓對方不知不覺地為你辦事。兵法中有這樣一條：堡壘最容易從內部攻破。明裡強攻不成，就該暗中智取。

《西遊記》裡講到，唐僧師徒去西天取經中途遇上了火焰山。孫悟空縱有天大的本事也撲不滅它，最後不得不向鐵扇公主求情借她的扇子一用。誰知公主根本不理睬。於是孫悟空變成了一隻小飛蟲鑽進了鐵扇公主的肚皮裡，一陣折騰，公主熬不住，只好投降。故事中孫悟空明著求公主不成，於是就暗中智取最後借到了寶扇。

鐘隱是五代十國時南唐的一位著名畫家，他雖家道殷富，卻倦於俗事，便學習前輩陶淵明先生做起隱士來。隱居山林，除了修身養性，練練氣功外，鐘隱最愛做的一樁事就是畫畫。不過，畫了一段時間，鐘隱就犯了「眼高手低」的毛病。經過冷靜反思他認識到，毛病就在於自己畫技貧乏。於是決定下山求師學藝。

下山後一打聽才知道，當時畫花鳥的高手叫郭乾暉，此公筆墨天成，曲盡物性之妙，尤其擅長畫鷙鶚。鐘隱非常高興，立即前往郭府拜師。

不料，郭乾暉並非世俗中人，雖然身懷絕技，卻不肯輕易授人，老先生作畫總吩咐下人把門關上，唯恐馬路上過往行人或是私闖進來的賓客，窺見一招一式。因此，鐘隱興沖沖來到郭府，連大門也沒跨進，就被轟了出來。

鐘隱想了想，拜師學藝應該有規矩才是，於是叫家人準備一車銀子，風風光光地再次登門求見。誰知門房仍擋住不讓進，還冷嘲熱諷道：「你認為我們家老爺缺銀子花嗎？告訴你吧，我們家老爺用毛筆劃個圈，能夠你小子吃個一年半載的。還想到這兒擺譜，也不看看是誰家！」沒辦法，鐘隱只好拉著一車銀子失望打道回府。

投師不成，鐘隱茶飯不香，夜不能寐。終於，他想出一條妙計，既然明著求他不行，何不來暗的呢？於是，他喬裝打扮成一個小廝，毛遂自薦地跑到郭府要當奴僕，且一再強調只混口飯吃，不要工錢。他畢竟是個畫家，化妝後連門房都沒認出他來。由於他要求不高，郭府又正缺人手，於是就被收下了。

鐘隱進入郭府後，得到了郭府上下的一致信任，就連郭老先生也撤除了對他的所有防線，作畫時竟然點名要他站在一旁磨墨，根本沒料到他是來學畫的。

此時，鐘隱就可以盡情地觀看郭老先生作畫時的筆法用彩，沒過多久，就把老先生那套密不示人的技藝爛熟於心了。

誰知，畫技學得越多，越是技癢難熬。有一天，鐘隱實在忍耐不住，乘興在牆上偷偷畫一隻鴿子，神形俱佳。有人將此事向郭老先生報告，老先生聞訊前去觀看，一看就嚇了一大跳，知道這絕非外行所能畫出來的。於是，召來鐘隱盤問。

鐘隱見紙包不住火，只好和盤托出，郭老先生聽完並沒生氣，反而大受感動：「相公為了學畫，竟然不惜為奴，這叫老夫如何敢當？如此求學，真乃天下少見，老夫就破例把你收在門下吧。」

從此，郭乾暉老先生與鐘隱以師徒相稱，一個縱論畫道，密授絕技；一個潛心苦學，仔細揣摩，果然，鐘隱深得其旨，技藝猛進。畫有《鷹鴿雜禽圖》、《周處斬蛟圖》等名作傳於後世。

正是鐘隱暗中智取，才讓郭乾暉答應了收他為徒。假如當初鐘隱沒採取這個辦法，恐怕事情就沒有那麼好辦了。

求人辦事一定要做好暗中智取的準備，尤其對於一些比較固執或有某方面偏好的人來說更應考慮用這種方法求人辦事。

迂迴說服別人幫自己辦事

在你求人辦事的時候，如果來一招狐假虎威的把戲，借助於大人物的威力，那麼事情就會很容易地辦成。

薩洛蒙．安德列是十九世紀末二十世紀初瑞典著名探險家，有一次，他為了得到北極圈內有關的科學資料，填補地圖上的空白，組織了一次北極探險。

那是一八九五年，經過周密計算和安排，安德列在瑞典科學院正式提出搭飛艇到北極探險的計畫。在此之前，安德列曾在美國學習了有關航空學的全部理論，並且製造過由氣球而發展起來的飛艇，有關飛行試驗在美國和歐洲曾引起轟動。隨之而來的便是經費問題，由於人們對此不信任和不關心，因此也就很少有人提供經費。

安德列整天奔波，挨家挨戶去找那些大富豪和大企業家，但有誰願意投資做一項與己毫無關係的事業呢？又有誰願意投資一項也許沒有任何成功機會的冒險事業呢？安德列每天總是帶著失望和疲倦回到家裡。

經過很長時間的奔波，總算有一位好心而開明的大企業家表示願意提供贊助，他甚至表示願意承擔全部費用，同時他還向安德列提了一個很重要的建議：希望這項冒險計畫得到人們的關注，如果就這樣悄無聲息地走了，是不是削弱了這次探險的意義呢？

安德列聽完覺得很有道理，於是兩人經過商量，決定讓安德列繼續去募捐、擴大影響。但是，儘管安德列想盡辦法，跑遍全城人們的反應仍然很冷淡，安德列非常著急，情急生智，他想出了一個大膽的辦法，就是把自己的探險計畫寫成一篇極其詳細嚴謹的論文，用大量證據論證了這項計畫的可行性及其意義，然後，他請那位開明的企業家想方設法把這份文章呈獻給國王。

經過一番周折，國王終於見到了這篇文章，他對這個大膽的計畫感到很新奇，於是召見了安德列，並詢問有關探險的一些具體情況。兩個人談得很投機，最後安德列要求國王象徵性地提供一些小小的贊助，國王慨然應允。

這個消息很快就傳開了，新聞界對國王關注此事予以報導。既然國王都對這件事感興趣，那麼許多名流、富豪也都跟著對探險一事紛紛予以關心，捐贈了大筆費用。許多普通民眾也因此開始對這項計畫感興趣了，大家都明白了探險的意義。安德列的事業終於不再是他一個人苦苦奔波的事業，而是變成了一項公眾的事業。就

這樣，安德列終於成功了！

巧借他人的力量和威名以達到自己的目的，這是一種韜略。安德列正是借助國王的力量，才使自己的探險事業取得了成功。

所以，當你去求人辦事時，不妨試一下狐假虎威的辦法去換取別人的幫助。那麼，在現實生活中，什麼東西是可以「借用」的「老虎」呢？你可以參考下面列舉的幾個主要類型：

一、「老虎」可以是一位強大而有權有勢者，他與你抱有同樣的夢想，而且願意幫助你的事業。「老虎」可能是一位有權有勢者，為了雙方共同的利益，情願伸出手來，助你一臂之力。與此相似，你是否注意到許許多多的小鳥在大水牛的背上，牠們吃掉水牛背上的蝨子和蚊子，讓水牛免遭虱蚊噬咬之苦，而水牛則為小鳥提供棲身之處和保護。

二、「老虎」也許是一個組織或者協會，它的夢想和觀點與你的一模一樣。透過跟別人攜手合作，同心協力，你能夠製造出這樣一種必不可少的形勢，即老虎就在你後面。

三、「老虎」或許是你的職位或者工作頭銜。孤家寡人常常勢單力薄，微不足道。然而，如果你為一位能夠呼風喚雨、有權有勢的雇主工作，你就不再僅僅是一位無能為力的孤家寡人了。

四、「老虎」也許是你的才智，或者是你的工作。假使艾薩克·斯特恩從來沒有拉過小提琴，那麼他永遠也不會成為我們今天所認識的艾薩克·斯特恩。透過精通這種樂器的本領，艾薩克·斯特恩成為舉世聞名的人物。由於同樣的原因，不管你從事哪種專業，你的工作都能成為你的「老虎」。

「老虎」並非僅僅指的是達官貴人，社會名流，這是值得給予重視的一點。生活中的「老虎」當然不僅限於以上幾種，我們應該時刻注意那些能讓我們提高聲譽和形象的人物及事情。他們都有可能是我們能成功地求人辦事的所謂的「老虎」。

利用對方的聲譽作為「激將」理由

求人辦事，如果直求、婉求都沒有效果時，不妨採用「激將法」激對方出手。人的聲譽就可以作為「激將戰法」中的武器。

當年，裴文是大唐開元盛世時期東都洛陽的一位將軍，劍法超群。他家親人亡故，為表達他對死者難以磨滅的敬意，他想請人在天宮寺繪製一幅壁畫，一來為親人超渡亡靈，二來也暗合了自己的嗜好。於是遍訪各地，但一直未找到合適的畫師。

一日，裴文來到天宮寺，巧遇畫家吳道子和書法家張旭。他熱情迎上前去，主動報上姓名，盛情邀請二位藝術家到一家飯店「便宴」。他們也不推辭，口呼「幸會」，腳已毫不猶豫地邁向飯店。

席間，裴文虛心請教畫壇之事。吳道子像是遇到知己般大談畫壇境況。裴文直點頭，大叫深刻、精闢，很受啟發。酒過三巡，裴文道出自己的心事，並分別給他們送上玉帛十四、紋銀百兩，作為作畫、題字的酬禮。哪知二位藝術家笑意全消，立刻冷若冰霜，拂袖而去。

裴文見狀，心想大概是兩位藝術家嫌這報酬太低，有羞「大師」的名聲。他立即痛心疾首，帶著痛改前非的誠懇表情攔住二位，趕忙賠禮道歉：「二位先生莫嫌錢少，等畫做好之後，我再補齊。」

吳道子聽完，怒從心起：「裴將軍不是太小看人了嗎？」說完，氣呼呼地轉頭就要走。

裴文覺得十分難堪。他想，論社會地位，我不比你們低，我是將軍；論本事，也是各有所長，說不上誰高誰低。你畫畫得好，字寫得棒，我的劍術亦堪稱一流。今天我屈尊求畫，反在這公共場合受到冷落，好生尷尬。裴文不由怒氣上升，一時難以壓下。

裴文有個「毛病」，一怒就要舞劍，一邊口中念念有詞：「什麼大師！什麼書聖！畫聖！我看是欺世盜名，徒有其表！光會舞文弄墨，描些香草美人，於世道無補，甚至不能助我盡一份人子孝心……還不如我們手中這把劍，可以斬妖驅邪，換來人間太平。有能耐來呀，是騾子是馬牽出來遛遛！」

吳道子、張旭聽著，面面相覷，不禁汗顏，看罷舞劍，上前與裴文長時間地熱情握手、擁抱。「剛才不是我們故意使你難堪，實在是我們太厭惡銅臭味。我們絕

不為了錢而出賣藝術。」

說完，吳道子靈感大發，揮動大筆，在畫壁上舞墨作畫，一口氣繪成一幅巨型壁畫。這就是吳道子平生最得意的《除災滅患圖》。

裴文在怒氣中暗示了吳道子和張旭徒有其名，懷疑他們是否真稱得上是書聖、畫聖。吳道子和張旭聽完後當然感到自己的聲譽受損，因此就毫不猶豫地揮毫潑墨。所以，在求人辦事時，不妨以他人的聲譽作為激將的理由，激對方出手相助。

戳到對方的痛處，激對方出手

每個人都有自己的痛處，求人辦事時，戳到對方痛處也能成為激發他人辦事的巨大力量。戳到對方的痛處，可以根據人性的弱點，從道義的角度去激怒他。讓對方感到不再是願不願意去做，而是義不容辭地必須去做。

三國時期的劉備，就是憑著「禮」求來了軍師諸葛亮的智慧和才能，用「義」求得了關羽、張飛的忠肝義膽、生死相隨，為他建立富饒的蜀國立下了汗馬功勞。

當劉備被曹操打得落花流水，逃至樊口時，他勢單力孤，繼續與曹軍對抗無異於死路一條，所以他除了與盤踞江東的孫權聯手以外，別無他計。去江東與孫權談判無疑需要一個智勇雙全的將才，能夠擔當此任的非諸葛孔明莫屬。諸葛亮自薦過江，最終說服孫權聯合劉備共同抗曹，最後形成三國鼎立之勢。

當時，孫權是一個年僅二十六歲的將軍，血氣方剛，自尊心很強。諸葛亮是怎

樣打動他的呢？其實他正是利用孫權這個弱點，用言語刺激孫權的自尊心，讓他按照自己的意志轉變了。

諸葛亮見到孫權時這樣說：「如今天下大亂，將軍在港東舉兵，劉備在港南集結，目的都在與曹操爭奪天下。眼下曹軍勢如破竹，威震天下，空有英雄氣概是無法抵擋曹軍南下的。加上劉備之軍漸漸敗退，將軍您宜早做應對，仔細斟酌才是。如果貴國實力能夠與曹操對抗，就與他斷絕外交；如果無力與其對抗，不如迅速解除武裝、俯首投降算了。可是依我看來，將軍只是表面上服從曹操，內心卻猶豫不決。可是目前形勢急迫，不容您費時考慮，希望馬上定奪，否則後果不堪設想。」

孫權聽到此話禁不住一愣，反問道：「按你所說形勢如此嚴峻，劉備怎麼不趕快投靠曹操呢？」

孔明回答說：「此言差矣。齊國壯士田橫您應該知道，他在道義上不能投靠漢高祖，寧可結束自己的生命。而劉備是漢室後裔，具有帝王資質，目前雖然困頓，仍有八方壯士慕其英名，紛紛前來投奔。起兵抗曹，天之所命，至於事成與不成，只有靠天命而定。豈可向曹賊投降呢？」

孫權聽後大叫一聲：「我吳國擁有十萬大軍，承父兄之業，更豈可輕易言降？」孫權雖然大叫不降，其實內心也很不踏實，事實上他沒有足夠的實力抗擊曹操。於是又向諸葛亮問道：「眼下除了劉備之外再找不到能與曹操抗衡的軍隊，可是劉備最近連吃敗仗，不知是否有軍力與其再戰？」

對此，諸葛亮早有準備，他說：「劉備確實吃了敗仗，但現在軍力仍不少於一萬。而曹操之軍雖眾，但長途南下，早已人困馬乏。而此次為了追擊我們，曹軍的騎兵一晝夜竟跑了三百里，早已成為強弩之末，這種力量就是連魯國最薄的絹布也無法穿透。再者，曹軍士兵多為北方人士，不習慣南方水戰，我方佔有地利；荊州之民雖然表面上服從曹操，內心卻是時時準備反抗。如果將軍集精兵猛將與劉備之軍配合，聯手作戰，一定會擊敗曹軍，此為人和。天時、地利、人和俱在，剩下的就只有看將軍您的決斷。」

孔明這一番精闢的分析，指出強敵之短處，強調劉、吳聯合的潛力所在，最後把事情成敗的關鍵又推給了孫權自己，可謂步步高招，神機妙算，使原本主意不定的孫權下定決心，聯蜀抗曹，最後發生了三國時期的大決戰——「赤壁之戰」。

諸葛亮之所以能夠與孫權談判成功，關鍵在於他採用了激將之法，戳痛了孫權的自尊心。對於血氣方剛、智勇雙全的孫權來說，使用其他的計謀也許無濟於事，而激將之法也許再合適不過了。

親切稱呼，縮短彼此之間距離

許多情況下，求人時雙方會有一種距離感，這會讓談話難以融洽地進行。這時你可以透過一些讓兩人關係更親密的技巧，讓彼此之間的距離縮短。

關係愈親密的人愈容易對人敞開心房。因此你有求於人時，一定要記得不失時機地與對方套近乎，而稱呼就是套近乎的最好目標。

日本前首相中曾根康弘，某次赴美與雷根總統會談時互以暱稱代替客套的稱謂，兩人在親密友好的氣氛中進行會談，此事一時成為外交界流傳的佳話。能夠以暱稱或名字互稱，必須有相當親密的關係，否則很難說出口。沒有人會對初次見面的人以暱稱或名字來稱呼，一般會附上先生、教授、老師等，待相處久了之後才會以對方的名字相稱。

從心理學的觀點看也是如此，當兩人心理上的距離愈來愈近時，他們的稱呼也從頭銜到姓、到名。接下來，想讓對方替自己辦事也會變得輕鬆自如。

一位教師講述他自己經歷的事：「某次有位我從前教過的學生來請我幫他做媒，當時我便問他何以兩人的關係如此快速地進展。他回答說：『某次我與她見面時，她突然直接喊我的名字，使我頓時感到與她的關係是如此的親近。』而在此之前他們兩個只以姓氏互稱而已，可見稱呼對兩人心理上的距離有很大的影響。」

求人時一定要不失時機地與對方套近乎。如果一時難以接近，不妨利用稱呼的方式拉近你們的距離，而且口吻必須自然，不可讓對方感覺你在裝腔作勢。兩人的距離若因此而接近，那麼所求之事也就不難辦了。

Chapter 3

用言語催眠對方的場面應用心理學

「言不由衷」的場面話也要懂得說

人一踏入社會，應酬的機會自然就多了，這些應酬包括做客、赴宴、會議及其他聚會等。不管你對某一次應酬滿不滿意，「場面話」一定要講。

什麼是「場面話」？簡言之，就是讓別人高興的話。既然說是「場面話」，可想而知就是在某個「場面」才講的話，這種話不一定代表內心的真實想法，也不一定合乎真實，但講出來之後，就算別人明知你「言不由衷」，也會感到高興。聰明人懂得「場面之言」是日常交際中常見的現象之一，而說場面話也是一種應酬的技巧和生存的智慧。

當面稱讚他人的話，如稱讚他人的孩子聰明可愛，稱讚他人的衣服大方漂亮，稱讚他人教子有方等等。這種場面話所說的有的是實情，有的則與事實存在相當的差距，有時正好相反，而且這種話說起來只要不太離譜，聽的人十有八九都感到高興，而且旁人越多他越高興。當面答應他人的話，如「我會全力幫忙的」、「這事包在我身上」、「有什麼問題儘管來找我」等。說這種話有時是不說不行，因為對方運用人情壓力，當面拒絕，場面會很難堪，而且當場會得罪人；對方纏著不肯走，那更是麻煩，所以用場面話先打發一下，能幫忙就幫忙，幫不上忙或不願意幫忙再找理由，總之，有緩兵之計的作用。

去別人家做客，要謝謝主人的邀請，並稱讚菜餚的精美、豐盛可口，並看實際情況，稱讚主人的室內佈置，小孩的乖巧聰明……

赴宴時，要稱讚主人選擇的餐廳和菜色，當然感謝主人的邀請這一點絕不能免。

參加酒會，要稱讚酒會的成功，以及你如何有「賓至如歸」的感受。

參加會議，如有機會發言，要稱讚會議準備得周詳……

參加婚禮，除了菜色之外，一定要記得稱讚新郎新娘的「郎才女貌」……

說「場面話」的「場面」當然不只以上幾種，不過一般大概離不了這些場面。

「場面話」的說法，沒有一定的標準，要看當時的情況決定。不過切忌講得太多，點到為止最好，太多了就顯得虛偽而且令人肉麻。

揣摩對方的心理說話

求人辦事時，透過對方無意中顯示出來的態度、姿態，瞭解他的心理，有時能捕捉到比語言表露得更真實、更微妙的內心想法。

懂得心理學的人常常透過人體的各種表現，揣摩對方的心理，達到自己辦事的目的。那麼怎樣才能很好地做到揣摩對方的心理說話這一點呢？

首先，先設法瞭解對方的想法與憑據的來源。

有一位人力資源專家曾經這麼說：「假如對方很愛說話，那麼我就有希望成功地說服他。因為對方已講了七成話，而我們只要說三成話就夠了！」

實際上，很多時候，人們為了要說服對方，而滔滔不絕地擺事實、講道理，把話說完了七成，只留下三成讓對方「反駁」。這樣如何能順利圓滿地說服對方？所以，你要學著儘量將原來說話的立場改變成聽話的角色，去瞭解對方的想法、意見，以及其想法的來源或憑據，這才是最重要的。

其次，站在對方的立場上考慮問題。

當你感覺到對方仍對他原來的想法保持不捨的態度，此時最好的辦法，就是先接受他的想法，或者先站在對方的立場發言。

這樣做主要是因為每一個人都有很強的自尊心，當他的想法遭到別人無情的否決時，儘管有時自己也意識到了你是正確的，但極可能為了維護尊嚴或咽不下這口氣，而變得更倔強，更加堅持己見，拒絕反對者的新建議。若是你說服別人落到這個地步，成功的希望就不大了。

曾經有一位推銷員挨家挨戶推銷洗衣機，當他到一戶人家裡，恰好這戶人家的太太正在用洗衣機洗衣服，就忙說：「哎呀！妳這台洗衣機太舊了，用舊洗衣機洗衣服是很費時間的。太太，該換新的啦！」

結果，還沒等這位推銷員說完話，這位太太馬上產生反感，駁斥道：「你在說什麼啊！這台洗衣機很耐用的，我都用了六年了，到現在還沒有發生過一次故障，新的也不見得好到哪兒去，我才不要換新的呢！」這位推銷員只好無奈地走了。

過了幾天，另一名推銷員又來拜訪那位太太。簡單地溝通後，他初步瞭解了太太的心理，便說：「這是一台令人懷念的洗衣機，因為很耐用，所以對太太有很大的幫助呀。」

這位推銷員先站在太太的立場上說出她心裡想說的話，使得這位太太非常高興，於是她說：「是啊！這倒是真的。我家這台洗衣機確實已經用了很久，是有點舊了，我正在考慮要換一台新的洗衣機呢。」

於是推銷員馬上拿出洗衣機的宣傳小冊子，提供給她做參考。沒過幾天，那位太太就訂購一台新的洗衣機。

第二位推銷員與第一位推銷員的差別之處，就在於他是在揣摩對方的心理說話，因此很容易就達到了自己的目的。

有時你在求別人辦事時，對方會有一些感到不安或憂慮的問題，對此，你要事先想好解決之道，以及說服的方法，一旦對方提出問題時，可以馬上說明。如果你的準備不夠充分，講話時模棱兩可，反而會令人感到不安。所以，在行動前，你應事先預想一個引起對方可能考慮的問題，此外，還應準備充分的資料，給對方提供方便，這是相當重要的。

善於觀察與利用對方微妙心理，是幫助自己提出意見並說服別人的重要策略。如果你能洞悉他們的心理，並加以漸漸疏導，你的成功率就會大大地提高。

根據對方的具體情況說話

求人辦事，還要注意根據對方的具體情況說話，這樣對雙方都有好處。

有一天，你去找你的上司，請他出面幫助你辦某件事。平常你的上司總是一副身體健康、精力充沛的樣子，在工作上也頗得心應手，單位內的人都認為他很有前途，可是，恰巧在這一天，他顯露出悲傷的臉色，很可能是家中發生了問題。

對這位上司來說，這實在是件很尷尬的事，為了不讓部下知道，表面極力裝得若無其事。午餐後，他用呆滯的眼神望著窗外，此時，他那迷惑惘然的臉色，已失去了朝氣。當你看到上司的這種表情時，就不要急於把你自己的事說出來，而應盡你最大的設想，找出上司真正苦惱的原因，並對他說：「科長，家裡都好嗎？」以假裝隨意問安的話，來開啟他的心靈。

「不！我正頭痛呢，我太太突然病倒了！」

「什麼？你太太生病了！我怎麼一點都不知道？現在怎麼樣？」

「其實也不需要住院，醫生讓她在家中療養。太太生病後，我才感到諸多不便。」

「難怪呢！我覺得科長你的臉色不好，我還以為你有什麼心事，原來是你太太生病了。」

「想不到你的觀察力這麼敏銳。」

他一面說著，臉上一面露著從未有過的笑容，此刻可以知道你成功了。在人最脆弱的時候去安慰他，才能表現你的體諒和善意。上司的苦惱，在尚不為人知曉前，自己應主動設法瞭解，相信你的這份善意，上司必定會深受感動的。自然，這以後，你再要求上司幫忙，上司會心甘情願地幫你辦事。

根據對方的情況辦事，還有重要的一條是不能犯忌，如果犯了所求對象的忌諱，恐怕該成的事也難辦成了。

對性格外向、愛好交際的人，在辦公室與他們的談話，一般不會有什麼副作用，而對性格內向、膽小怕事、敏感多心的人則容易產生副作用。此時，就應當換個環境，在室外、院子裡隨便談心，才容易達到說服的目的。

找人辦事時只一味地談自己的事，並不停地說「請你幫忙，請你幫忙」之類的話，會讓人感到萬分的厭惡、不耐煩的。

談話的話題應該視對方的情形而定，再好的話題，若不能符合對方的需要，就無法引起對方的興趣，最好是想辦法引起彼此共同的話題來，才能聊得投機，然後再設法慢慢地把話題引入自己所要談論的範圍裡。

一個善於求人的人，一定很注重禮貌，用詞考究，不致說出不合時宜的話，所以要使對方對你產生好感，必須言語和善，講話前先斟酌思量，不要想到什麼說什麼。那些心直口快的朋友平時要多培養一下自己的深思慎言作風，切不可不看周圍具體情況就脫口而出，那樣會影響到自身的形象和辦事的效果。

看清對方的文化層次說話

求人辦事時，還應該看清對方的文化層次再說話，這樣才能使你的事情辦得更順利些。

一般說來，埋頭做事者常常是事業心很強或對某事很感興趣的人，一旦開始做事，便全身心投入，不願再見他人。這種人往往惜時如金，愛時如命，鐵面無情。要敲開這種人的門，求他們辦事，首先不要怕碰「釘子」，還要有足夠的耐性，並且要善於區分不同情況，或硬纏或軟磨，直至達到目的。

畢卡索的夫人弗朗索瓦茲·吉洛特也十分愛好繪畫，一入畫室便不再容許別人打擾。一次她正在作畫，兒子想讓媽媽帶他去玩，便敲響了門，可是吉洛特已全心投入到繪畫上，聽到敲門聲和兒子的喊聲，只是回應了一聲，仍舊埋頭作畫。停了一會，門還沒開，兒子又說：「媽媽，我愛妳。」可得到的回應也只是：「我也愛你呀，我的寶貝兒子。」門還是沒開。兒子又說：「我喜歡妳的畫，媽媽。」

吉洛特高興了，她答道：「謝謝！我的心肝，你真是個小天使。」可是仍舊不去開門。兒子又說：「媽媽，妳畫得太美了。」吉洛特停下筆，但沒有說話，也沒有動。兒子又說：「媽媽，妳畫得比爸爸好。」

吉洛特的畫當然不會比藝術大師畢卡索畫得更好，但兒子的話卻句句說到了她的心裡，她也從兒子那誇大的評價中感到了兒子的迫切心情，所以最終把門打開了。

生活中我們還會經常遇到一些自命清高的人，他們常常是潔身自好的墨客或仕途失意的文人，或者是那些自命不凡、看破紅塵的人。這種人文化層次一般都較高，他們不願與常人來往，卻希望同有才華的人結交，因此要順利地叩開這種人的大門，最有效的辦法就是善於表現自己，設法展示出自己的才華，因其愛「才」便會自開家門。

再比如，一個文化層次較高的人到基層要麻煩普通農民或工人辦事時，就不應該裝腔作勢、滿嘴文縐縐地高談闊論，也不能以「文」交心，以詩會友，而應該放下文化架子，用平常人容易接受的話進行溝通和交流，這樣才能顯得平易近人，與對方沒有文化距離和心理距離。對方有了這樣的感受，辦起事情來彼此才不致產生障礙。

一般來說，對文化程度低的人所採用的方法應簡單明確，多使用一些具體的數字和例子；對於文化程度高的人，則可以採用抽象的說理方法。如此，看清對方的文化層次再說話，就可以讓事情辦得更順利。

聽懂對方的場面語，說好自己的場面話

生命不會從謊言中開出燦爛的鮮花，但說些無傷大雅的場面話卻是你在這個變幻莫測的社會中生存下去所不得不學會的一種本領。

一個人不可能完完全全地在別人面前表現最真誠的一面，正如一個人不能把別人說過的每一句話都信以為真一樣，場面話，總是可說不可信，一旦你違背了這條原則，善良便會退化為愚鈍，真誠也會成為傷害自己又危及他人的利器。

俾斯麥三十五歲時，擔任普魯士國會的代議士，這一年是他政治生涯的轉捩點。當時奧地利是德國南方強大的鄰國，曾經威脅德國如果企圖統一，奧地利就要出兵干預。

俾斯麥一生都在狂熱地追求普魯士的強盛，他夢想打敗奧地利，統一德國。他是個熱血沸騰的愛國志士和熱愛軍事的好戰分子。他最著名的一句話就是：「要解決這個時代最嚴重的問題並不是依靠演說和決心，而是依賴鐵和血。」

但是令所有人驚異的是，這樣一個好戰分子居然在國會上主張和平。其實這並不是他的真實意圖，他連做夢都想著統一德國。他說：「沒有對於戰爭的後果清醒的認識，卻執意發動戰爭，這樣的政客，請自己去赴死吧！戰爭結束後，你們是否有勇氣承擔農民面對農田化為灰燼的痛苦？是否有勇氣承受身體殘廢、妻離子散的悲傷？」

在國會上，他稱讚奧地利，為奧地利的行動辯護，這與他一向的立場簡直是背道而馳、俾斯麥反對這場戰爭有別的企圖嗎？那些期待戰爭的議員迷惑了，其中好多人改變了主意，最後，因為俾斯麥的堅持，終於避免了戰爭。

幾個星期後，國王感謝俾斯麥為和平發言，委任他為內閣大臣。幾年之後，俾斯麥成了普魯士首相，這時他對奧地利宣戰，摧毀了原來的帝國，統一了德國。

袒露之心猶如在眾人面前攤開的信，那些胸有城府的人總是懂得潛藏隱祕，他們所以說的話大都只是些場面之言，「說者無意聽者有心」，如果你把別人的這些話都當真了的話，那就只能證明你的天真和幼稚了。

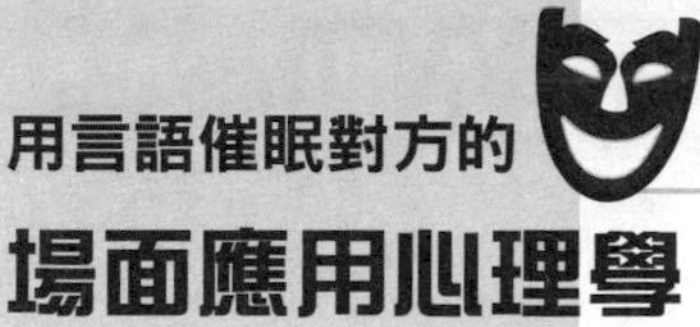

作為一個為人處世的高手，我們不單單要能聽懂他人所說的場面話，也要會說場面話，在適當的場合說一些能取悅人的話是我們必須培養和鍛鍊的一種能力，否則我們就不能在社交中遊刃有餘，有時候還會因為不能很好地說一些場面話而得罪一些人，給自己的工作和生活帶來一些不必要的麻煩。

察言觀色，把話說得恰到好處

會說話的人都會傾聽。學會傾聽，不僅是對他人的尊重，還可以更好地注意到他人的言談神色，判斷出他人的心理活動，說話的時候就可以有的放矢。正所謂知己知彼，戰無不勝。

漢高祖劉邦建國的第五年，消滅了項羽，平定了天下，應該論功行賞。在這個時候群臣彼此爭功，吵了一年都無法確定。劉邦認為蕭何功勞最大，就封蕭何為酇侯，封地也最多。但是群臣心中不服，議論紛紛。

在封賞勉強確定之後，對席位的高低先後又起了爭議，大家都說平陽侯曹參身受創傷七十餘處，而且攻城掠地，功勞最大，應當排他第一。劉邦因為在封賞的時候已經委屈了一些功臣，多封了許多給蕭何，所以在席位上難以再堅持，但心中還是想將蕭何排在首位。

這時候關內侯鄂君已經揣摩出劉邦的意圖，就挺身上前說道：「群臣的決議都錯了！曹參雖然有攻城掠地的功勞，但這只是一時之功。皇上與楚霸王對抗五年，常常丟掉部隊四處逃跑。而蕭何卻源源不斷地從關中派兵員填補戰線上的漏洞。楚、漢在滎陽對抗了好幾年，軍中缺糧，都靠蕭何轉運糧食補給關中，糧餉才不至於匱乏。再說皇上有好幾次逃到山東，都是靠蕭何保全關中，才能接濟皇上，這才是萬世之功。如今即使少了一百個曹參，對漢朝有什麼影響？我們漢朝也不必靠他來保全！為什麼你們認為一時之功高過萬世之功呢？我主張蕭何第一，曹參其次。」

劉邦聽了，當然說：「好。」於是下令蕭何排在第一，可以帶劍入殿，上朝時也不必急行。

後來劉邦說過：「吾聽說推薦賢人，應當給予最高的獎賞。蕭何雖然功勞最高，但因聽了鄂君的話，才得以更加明確。」

劉邦沒什麼智慧文化，在分封諸侯的時候，將一些從前跟著他出生入死、身經百戰的功臣比喻為「功狗」，而將發號施令、籌謀劃策的蕭何比喻為「功人」，所以蕭何的封賞最多。明眼人一看就知道劉邦寵倖蕭何，所以安排入朝的席位上，劉邦雖然表面上不再堅持蕭何應排在第一，但鄂君早已揣摩出他的心意。於是順水推舟，專揀好聽的話講，劉邦自然高興。鄂君也因此多了封地，被改封為「安平侯」。

對他人的意思細心傾聽之後，再投其所好有所作為。這是一種說話的策略，在雙方力量懸殊的情況下，不妨運用一下這種策略，以屈求伸。這與兩面三刀是不同的，兩面三刀是小人的卑劣行徑，而投其所好是智者的智慧。再者，兩面三刀是陰險詭祕，為人所不齒，而投其所好是為了保全自己而採取的策略。

《紅樓夢》第三十四回寫道，寶玉挨打以後，丫環襲人向王夫人提出了一條建議：「如今二爺也大了，裡頭女孩們也大了，以後叫二爺搬出園外來住，就好了。」襲人沒有想到，這項建議竟然重重地撥動了王夫人的心弦。王夫人不僅對此建議大加讚賞，而且當場暗示，要「提升」襲人。

這是為什麼呢？王夫人一番感歎透露出個中底細：「我的兒！你竟有這個心胸，想得這樣周全，我何曾又不想到這裡？只是這幾次有事就混忘了。你今日這話提醒了我，難為你這樣細心。真是好孩子！」

原來襲人的話正與王夫人的積慮暗合，說到了王夫人平日潛在的意念上，引發出王夫人內心強烈的共鳴。於是王夫人做出了非同尋常的反應，說：「妳如今既說了這樣的話，我索性就把他交給妳了……自然不辜負妳。」

在應酬交際場合，我們也要機靈些，善於觀察，說出的話才更動聽，更容易被他人接受。

用諧音把話說圓

諧音，是指利用語言的語音相同或相近的關係，有意識地使用語句的雙重意義，言在此而意在彼。

據傳，從前有個宰相，他有一個名叫薛登的兒子，生得聰明伶俐。當時有個奸臣金盛，總想陷害薛登的父親，但苦於無從下手，便在薛登身上打主意。有一天，金盛見薛登正與一群孩童玩耍，於是眉頭一皺，詭計頓生，喊道：「薛登，你像個老鼠一樣膽小，不敢把皇門上的桶砸掉一隻。」

薛登不知是計，一口氣跑到皇門邊上，把立在那裡的雙桶砸碎了一隻。金盛一看，正中下懷，立即飛報皇上。皇上大怒，立刻傳薛登父子問罪。

薛登父子跪在堂下，薛登卻若無其事地嘻嘻笑著。皇上怒喝道：「大膽薛登！為什麼砸碎皇門之桶？」

薛登想了想，反問道：「皇上，您說是一桶（統）天下好，還是兩桶（統）天

下好？」

「當然是一統天下好。」皇上說。

薛登高興得拍起手來：「皇上說得對！一統天下好，所以，我便把那隻多餘的『桶』砸掉了。」

皇上聽了轉怒為喜，稱讚道：「好個聰明的孩子！」又對宰相說：「愛卿教子有方，請起請起！」

金盛一計未成，賊心不死，又進讒言道：「薛登臨時胡編，算不得聰明，讓我再試他一試。」皇上同意了。

金盛對薛登嘿嘿冷笑道：「薛登，你敢把剩下的那隻也砸了嗎？」

薛登瞪了他一眼，說了聲「砸就砸！」便頭也不回，奔出門外，把皇門邊剩下的那隻木桶也砸了個粉碎。

皇上喝道：「頑童！這又如何解釋？」

薛登不慌不忙地問皇上：「陛下，您說是木桶江山好，還是鐵桶江山好？」

「當然是鐵桶江山好。」皇上答道。

薛登又拍手笑道：「皇上說得對。既然鐵桶江山好，還要這木桶江山幹什麼？皇上快鑄一個又堅又硬的鐵桶吧！祝吾皇江山堅如鐵桶。」

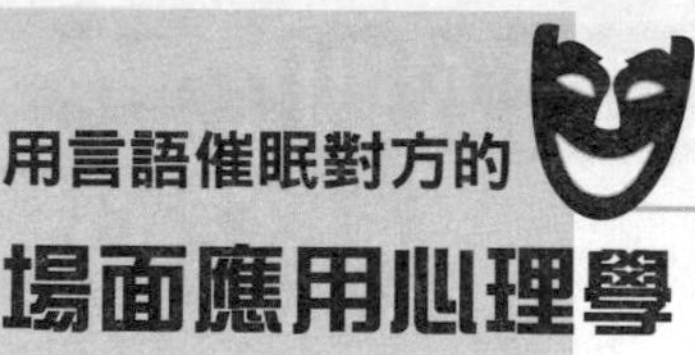

皇上高興極了，下旨封薛登為「神童」。

諧音是一語雙關的表現形式之一。在上面這個例子中，薛登之所以能夠化險為夷，就在於他巧妙地運用了諧音把話說圓了。

諧音的妙用，在於能讓人把話說圓而擺脫困境，甚至化險為夷。因為許多字詞在特定場合中，用本音是一個意思，而用諧音則成了另一個意思。

答非所問，明白裝糊塗

《菜根譚》中曾說：「鷹立如睡，虎行似病。」也就是說老鷹站在那裡的樣子好像睡著了一樣，老虎走路時的姿態好像牠生病了一樣，正是牠們看似平常甚至孱弱的姿態，讓牠們的獵物被老鷹和老虎這種看似「糊塗」的行為所欺騙，放低了防備心，所以牠們往往能趁其不備出擊，順利達到自己的捕獲目的。

人們常說：「大愚若智」，人們也常常說「難得糊塗」。在與人交往的過程中，常常會遇到有人問你很尖銳的問題，這個時候你不管怎麼回答都不合時宜，此時就要學會答非所問，心裡明白卻裝糊塗，只有這樣才能避免一不小心，就可能讓自己陷入尷尬的境地。這時你若鋒芒太露，容易招致他人的嫉恨，更容易樹敵，如果您懂得適時裝傻，揣著明白裝糊塗，大愚若智的回答，就會降低了別人對你的防備心，反而容易和他人溝通，順利達到你的交際目的。

第一次世界大戰後，土耳其打敗了希臘，此舉激起了英國的不滿，英國遂聯合法、義、美、俄等國代表在瑞士的洛桑與土耳其談判，企圖迫使土耳其簽訂不平等條約。

英國派出的外交大臣是克遵，其聲如洪鐘，是名震一時的外交家。與英國外相相比，土耳其派出的代表伊斯美則相形見絀了。伊斯美不僅身材矮小，耳朵還有些聾，在國內、國際均屬無名小輩。

會談開始後，克遵顯然不把伊斯美放在眼裡，態度驕橫、囂張，其他列強代表也是盛氣凌人。然而，伊斯美卻從容不迫、鎮定自若，精心選擇外交辭令，有章有法，毫無懼色。特別是他的耳聾具有「特異功能」，對土耳其有利的言辭他都聽見了，不利的話好像全沒聽到。當伊斯美對列強們提出的苛刻條件概不理會，只顧提出維護土耳其的條件時，克遵雷霆大發，揮拳怒吼，咆哮如雷。恫嚇、威脅不斷向伊斯美劈頭蓋臉壓來，各列強代表也氣勢洶洶、咄咄逼人，那種緊張的氣氛令人窒息。

伊斯美雖然有些耳聾，此時對於克遵盛怒之下發出的「超強度」刺激信號，當然是句句聽得清楚，但他仍坐在那裡裝出一副若無其事的樣子。等到克遵聲色俱厲地叫嚷完了，各國代表都面對伊斯美看他有何表示時，只見他不慌不忙地張開右手靠在耳邊，並將身子向克遵移動了一下，態度溫和地問：「您剛才說什麼？我一句也沒聽見。」克遵氣得渾身發抖，一句話也說不出來。

克遵的暴怒是由對立意向引起的激怒，是由當時的情緒、氣氛引起的心理壓抑的急迫宣洩。這種激怒的宣洩，猶如突然爆發的火山，勢不可當，時間短暫卻強烈。不過，這種激怒是很難再現的。伊斯美用他的「特異功能」——耳聾，控制了整個談判局勢，在將近三個月的談判中，據理力爭，遊刃有餘，終於以土耳其的勝利而告終。

裝聾作啞的人，往往才是具有高深智慧的人，所謂「大智若愚」說的就是這種人，他們不是真的傻瓜，而是在裝糊塗。「水至清則無魚，人至察則無徒」，凡事太認真，就會對什麼都看不慣，連一個朋友都容不下，更難以應付複雜的社交場合。

在對外應酬中，也要懂得「有所為，有所不為」的原則，對凡事過於斤斤計較，難以營造出和諧的氛圍，更難以實現自己交際目的。許多時候，要學會「睜一隻眼閉一隻眼」，學會揣著明白裝糊塗，才能遊刃有餘地應對應酬，輕鬆獲得自己期望的利益。

兩難問題要學會含糊其辭

在應酬的時候，有時需要含糊地說話而不必明說，尤其遇到回答「是」或者「否」的問題時，不管怎麼回答都會給自己帶來麻煩，這時候就需要含糊法。

你想請別人到辦公室找一個不認識的人，你只需要用模糊語言說明那人的特徵，比如矮個兒、瘦瘦的、高鼻梁、大耳朵，便不難找到了。倘若你具體地說出那個人的身高、腰圍精確尺寸，他反而很難找到這個人。因此，我們在辦事時要學會含糊地說話。一般來說，含糊法主要有以下幾種：

一、迴避式含糊法

根據某種場合的需要，巧妙地避開確指內容的方法。

二、寬泛式含糊法

這是一種用含義寬泛、富有彈性的語言傳遞主要資訊的方法。例如，當你約人見面時，為了表示尊重對方，顯得隨和，也要用模糊語言。比如說：「明天上午我在家，你有空就來吧。」或是說：「請您明天上午來，我在家等候您。」如果你說得很明確：「請你明天上午九點準時到我家裡來。」這樣會讓人有點被「勒令」的感覺。若是約請上級、長輩或異性到家裡來，這樣說話就顯得不禮貌、不客氣了。

三、選擇式含糊法

根據辦事的不同目的，用具有選擇性的語言來表達的方法。當學生在課堂上回答不出問題時，老師不宜訓斥學生：「你怎麼搞的？昨天你肯定沒有複習！」而應當模糊地說：「看來，你好像沒有認真複習，是不是？還是因為有點緊張不知該怎麼說呢？」最好把批評對方的缺點過錯變成提出希望和要求，上面的話最好說成：「希望你及時複習，抓住問題的要領，爭取下回作出圓滿的回答好嗎？」

以上列出的幾種含糊法，你要針對不同的情況加以選擇應用，以期幫助你在應酬場合如魚得水，使你辦事更加順利。

含糊法是運用不確定的、不精確的語言進行交際的方法。在交際中運用適當的含糊說法，也是一門必不可少的藝術。

同一種意思換一種表達

同一事物，從不同的角度觀察認識，其認知結果也不相同。每個人都有自己的思維方式和說話習慣，時間久了，其中必然摻雜不少可能導致不良結果的說話方式和內容。但語言惰性形成以後很難改變，而一旦做出改變，換一種不同以往的說話方式，可能新的結果會令人有一個意想不到的驚喜。

某城市有一條著名的「情人街」，每逢週末就有許多男女在街頭等待與情侶相會。這條街上有兩個擦鞋的男孩，他們高聲叫喊著以招攬顧客。其中一個說：「請坐，我為您擦擦皮鞋吧，又光又亮。」另一個卻說：「約會前，請先擦一下皮鞋吧。」

結果，前一個男孩攤位前的顧客寥寥無幾，而後者卻收到了意想不到的效果，一個個青年男女都紛紛讓他擦鞋。這裡面的原因究竟是什麼呢？

原來第一個男孩的話，儘管禮貌、熱情，並且附帶著品質上的保證，但這與此刻男女們的心理差距甚遠。因為在黃昏時刻，顯然沒有多少必要破費錢財去把鞋擦得「又光又亮」。人們從這裡聽出的印象是「為擦鞋而擦鞋」的意思。

而第二個男孩的話就與此刻男女們的心理非常吻合。「月上柳梢頭，人約黃昏後」，誰不願意在這充滿溫情的時刻以乾乾淨淨、大大方方的形象出現在自己心愛的人面前？一句「約會前，請先擦一下皮鞋」真是說到了男女的心坎上。可見，這位聰明的男孩，正是傳送著「為約會而擦鞋」的溫情愛意。

一句「為約會而擦鞋」一下子抓住了顧客的心，因而大獲成功。從以上分析中應該受到啟發：研究心理，察言觀色，得到準確的無形資訊才能找到最恰當的說話切入點。

說話的角度不同，得到的結果也會不同，所以說，在應酬中動口之前一定要先想一想從哪個角度說才能達到理想的效果。

人人厭煩「鬼話連篇」

大智若愚，有學問的人一般不亂講話。只有那些胸無點墨又愛慕虛榮的人才喜歡信口開河，大發言論。有一句值得大家牢記的名言：「寧可把嘴巴閉起來，使人懷疑你是淺薄，也不要一開口就讓人證實你的淺薄。」

在研究說話藝術時，首先要學會「少說話」。你也許會反駁：「既然人人都要學少說話，那麼，說話藝術就不必細加研究了。」其實不然，少說話固然是美德，但人們生活在現實社會中，只能「少說」而不能完全不說。

既要說話，又要說的又少又好，這才是口才的藝術。說得越多，顯得越平庸，說出蠢話或危險話的機率就越大。

馬西爾斯是古羅馬時代一名戰功赫赫的英雄，他以戰神寇里奧拉努斯的美名而著稱於世。西元前四五四年，馬西爾斯打算角逐最高層的執政官以拓展自己的名望，進入政界。

競逐這個職位的候選人必須在選舉初期發表演說，馬西爾斯便以自己十多年來為羅馬戰爭留下來的無數傷疤作為開場白。那些傷疤證明了他的勇敢和愛國情操，人們深為感動，幾乎每個人都認為他會當選。

投票日來臨的前夕，馬西爾斯在所有元老和貴族的陪同下，走進了會議廳。當馬西爾斯發言時，內容絕大部分是說給那些陪他前來的富人聽的。他不但傲慢地宣稱自己註定會當選，而且大肆吹噓自己的戰功，甚至還無理地指責對手，還說了一些討好貴族的無聊笑話。

他的第二次演說迅速傳遍了羅馬，人們紛紛改變了投票意向。馬西爾斯落選之後，心懷不甘地重返戰場，他發誓要報復那些投票反對他的平民。

幾個星期之後，元老院針對一批運抵羅馬的物品是否免費發放給百姓這個議題投票，馬西爾斯參加了討論，他認為發放糧食會給城市帶來不利影響，這一議題因而未決。接著他又譴責民主，倡議取消平民代表，將統治權交還給貴族。

馬西爾斯的言論激怒了平民，人們成群結隊趕到元老院前，要求馬西爾斯出來對質，卻遭到了他的拒絕。於是全城爆發了暴動，元老院迫於壓力，終於投票贊成發放物品，但是，老百姓仍然強烈要求馬西爾斯公開道歉，才允許他重返戰場。

於是，馬西爾斯出現在群眾面前。一開始，他的發言緩慢而柔和，然而沒過多久，他變得越來越粗魯，甚至口出惡言，侮辱百姓！他說得越多，百姓就越憤怒，他們的大聲抗議中斷了他的發言。

護民官們一致同意判處他死刑，命令治安長官立即拘捕他，送到塔匹亞岩的頂端丟下去。後來，在貴族的干預下，他被判決終生放逐。人們得知這一消息後，紛紛走上街頭歡呼慶祝。

如果馬西爾斯不那麼多言，也就不會冒犯老百姓，如果在落選後他仍能注意保護自我強大的光環，依然還有機會被推舉為執政官。可惜他無法控制自己的言論，最終自食其果。

說話時，既要有實事求是的態度，又要給人謙虛的印象，坦白地承認你對某些事情的無知，這絕不是恥辱。相反，別人會認為你的談話不虛偽，沒有自我吹噓，這樣就能贏得好口碑。用誇張的言辭，裝腔作勢，說得越多，人們對他的失望也就越大。

濫用誇張的言辭是不明智的，在很多時候，說得越多損失就越大。信口開河的人一般都是那些品味不高或知識欠缺的人。當人們發現你言過其實時，常常會覺得他們受到了愚弄，這會嚴重影響你與人之間的溝通。

人人都有炫耀的心理，在社交中如何表達才能不遭人厭煩呢？這是一種藝術。當你想要提及自己的優點和輝煌事蹟時，應該點到為止，不宜太過，才能使對方認同而不會心生厭惡。

懂得說話的人必定會先稱讚對方，借由讚美對方，順便提到自己的長處，這樣才不至於讓對方覺得你在自吹自擂。自我的渲染和誇張不可能贏得別人的真正贊許。

Chapter 4

俘獲人心的結交心理學

交往主動一點，結交就會多一點

要想結交朋友建立人脈網，必須強調主動。一切自卑的、畏首畏尾和猶豫不決的行為，都只能導致人格的萎縮和為人處世的失敗。

人生有些事情，個人是無法選擇的。比如，你無法選擇自己的父母，無法選擇自己的親戚，也無法選擇自己出生的時間和空間，等等。但是，一個人在長大成人，尤其是經濟獨立之後，你可以自由選擇、營造你的人脈網，結交什麼樣的朋友，構成什麼樣的人際關係網路。這是我們最大的自由。

實際上，許多人都因為個人生活與工作的狹小範圍與具體環境的局限，除了自家人和親戚關係，還有那麼幾個同學、同事、朋友和熟人，都是「順其自然」、被動形成的。許多中年人和老年人大多一直過著「兩點一線」的生活，就是幾十年如一日的只在家庭和工作單位之間來往。如今的年輕人可不是以前的老古董了，很活潑，天南海北到處都是朋友。但作為個人有意識地選擇和結交朋友，有意識地建立

自己的信譽，經營人際關係的網路，依然寥寥無幾，這是營造人脈網的遺憾。

經常會遇到這樣一種場面：在生日宴會上，幾個好朋友聚在一起歡天喜地地玩鬧，而旁邊會有人只是一聲不吭地吃著東西，沒有加入到那些人的行列中。這樣的人實際上是白白放棄了擴大自己交際圈的好機會。如果能主動爭取和別人交流，那就會開拓一個自己不曾瞭解的嶄新世界，也會促進自己的成功。

那麼，怎樣才能和對方良好地交流呢？有這樣一句話：「對方的態度是自己的鏡子。」在日常的人際交往中，有時自己感覺「他好像很討厭我」，其實這時正是自己討厭對方的徵兆。因此，對方也會察覺到你好像不喜歡他，當然兩個人就越來越討厭彼此了。在出現這種情況的時候，自己要主動與對方交流，主動敞開心扉。

在生活中，胡先生十分重視創造與人結識的機緣。比如，他剛剛搬到新社區的時候，一天傍晚，他看見鄰居家的女主人走了出來，便隔著十幾英尺的樹叢向對方望，然後非常自然地找到恰當的時機，抬起頭，露出笑容，喊一聲：「妳好！」隨後，胡先生便彎腰穿過樹叢，到她的後院，開始與她聊起天來。他們就這樣認識了，彼此留下電話，約好互相聊聊，大家有個照應。

那第一聲「妳好」是怎麼產生的呢？胡先生認為他們幾乎是同時地隔著樹叢向對方打招呼；胡先生也相信，他們是一起有意識地走向樹叢，為的是與對方結識。

這種彼此心理準備好，伺機而動，主動出擊是非常重要的。道理是這樣，但避免不了人們對主動交往有很多誤解。比如，有的人會認為「先跟別人打招呼，顯得自己沒有身分」「我這樣麻煩別人，他肯定會反感的」「我又沒有和他打過交道，他怎麼會幫我的忙呢」，等等。其實，這些都是害人不淺的誤解，沒有任何可靠的事實能證明其正確性。但是，這些觀念卻實實在在地阻礙著人們，阻礙了人們在交往中採取主動的方式，因而失去了很多結識別人、發展友誼的機會。

當你因為某種擔心而不敢主動同別人交往時，最好去實踐一下，用事實去證明你的擔心是多餘的。不斷地嘗試，會累積你成功的經驗，增強你的自信心，使你在工作場合的人際關係愈來愈好。

把第一句話說得扣動人心

與人結交，主動是最重要的，但是如何說好第一句話更為重要。如果能把第一句話說得扣動人心，就很容易與人建立起友好的關係。

在現今社會，在你搭乘飛機或火車、輪船的時候，便是建立人際關係的絕佳機會。如有可能，人們都想和鄰座的人聊上幾句話，一方面可以打發時間，另一方面可以多認識幾個朋友，因而路上可以相互照應。然而，向坐在身旁的素不相識對象開口攀談，的確需要相當的勇氣與方式。尤其是說好第一句話很重要。

你不要小看初次見面的第一句話，在人際交往中它能起到舉足輕重的作用。說第一句話的原則是：貼心、親熱、消除陌生感，常見的有這麼三種方式：

一、問候式

「你好」是向對方問候致意的常用語。如能因對象、時間的不同而使用不同的問候語，效果則更好。對年齡跟自己相仿者，『稱「老X（姓）」，你好」，顯得親切；若對方是醫生、教師，說「李醫師，你好」、「王老師，你好」，有尊重意味；早晨說「你早」、「早安」則比說「你好」更得體。

二、攀認式

任何兩個人，只要彼此留意，就不難發現雙方有著這樣或那樣的「親」、「友」關係。例如：「你是台灣大學畢業生，我曾在台大進修過兩年。說起來，我們還是校友呢！」「你是體育界老前輩了，我老婆可是個體育迷，我們也算得上是『近親』啊！」

三、敬慕式

對初次見面者表示敬重、仰慕，這是熱情有禮的表現。用這種方式必須注意：要掌握火候，恰到好處，不能亂吹捧。表示敬慕的內容應因時因地而異。例如：「你的大作我讀過多遍了，受益匪淺。想不到今天竟能在這裡一睹作者風采！」「今天是教師節，在這光輝的節日裡，我能見到你這位頗有名望的教師，不勝榮幸啊！」……

一般而言，碰面三十分鐘內開口說話是最理想的。一旦過於三十分鐘，除非出現特別合宜的機會，否則雙方只能以沉默告終。在現場氣氛凝固之前，無論什麼話題都可以打破僵局，務必先開口交談。比如故意詢問一下該車次的到站時間，或者

向對方借閱報紙，趁機還可以就報紙新聞發表意見等，接下來好多的話題都順理成章了。

此外，還要善於把握機會開口說話，比如如果對方為女性，那麼當她費力地往行李架擱放行李的時候，便是一個上天賜予的好機會。「讓我幫妳放吧！」只需要一句話，一個舉手之勞，氣氛就立刻緩和下來。而在你幫忙後，她必定會感謝你，於是你們便可以很自然地聊起來了。

如果讓這種時機溜走，等她忙完一切塵埃落定，你冷不防地開口搭訕，必定讓對方感到突兀，必定無法指望獲得自然的溝通。

在生活中，我們都知道，如果一開口便說些中聽討好的話，對方反而會感到緊張，猜想著你會有什麼意圖。趁著忙亂時說些不經意的話，對方反而較能以輕鬆的心情回應攀談。總而言之，你最初開口寒暄的目的，是為了向對方表明自己是友好的。

先拉關係才能扯上關係

社交場上，幾乎人人都知道並且認同這樣一種說法：有關係好辦事。沒錯，無論對方的地位高還是低，只要你能跟他扯上關係，他就會對你敞開心扉，樂於幫你辦事或助你一臂之力，也可以與你成為長久的朋友。

關於具體如何去巴結人際關係，著名的人際大師卡內基教給我們一些「拉關係」的訣竅。掌握了這些訣竅，我們以後便可在社交場上與他人輕鬆地和諧相處，獲得友好的人際關係。

一、多說平常的語言

著名作家丁．馬菲說過：「儘量不說意義深遠及新奇的話語，而以身旁的瑣事為話題作為開端，是促進人際關係成功的鑰匙。」

對一個初識者，最好不要刻意顯露自己的，寧可讓對方認為你是個善良的普通人。因為一開始你就不能與他人處於共同的基礎上，對方很難對你產生好感。如果

你擺出一副高人一等的樣子，別人也會用同樣的態度對待你。

二、瞭解對方的興趣愛好

初次見面的人，如果能用心瞭解與利用對方的興趣愛好，就能縮短雙方的距離，而且加深給對方的好感。

三、引導對方談得意之事

任何人都有自鳴得意的事情，但是，再得意、再自傲的事情，如果沒有他人的詢問，自己說起來也無興致。因此，你若能恰到好處地提出一些問題，定使他欣喜，並敞開心扉暢所欲言，你與他的關係也會融洽起來。

四、坐在對方的身邊

面對面與陌生人談話，確實感覺很緊張，如果坐在對方的身邊，自然會比較自在，既不用一直凝視對方，也避免了不必要的緊張感，而且會很快親近起來。

五、找機會接近對方的身體

每個人都會在自己的身體周圍設定一個勢力範圍，一般只允許特別親密的人侵入。如果你侵入了，就會產生與對方有親密人際關係的錯覺。

六、注意自己的表情

人的心靈深處的想法，都會形諸於外，在表情上顯露無遺。如想留給初次見面的人一個好印象，不妨照照鏡子，審慎地檢查一下自己的臉部表情是否和平常不一樣，過分緊張的話，最好先對著鏡中的自己傻笑一番。

七、留意對方無意識的動作

初次見面的場合中，如果有一方想結束話題，往往會有看手錶等對方不易察覺的無意識動作。因此，當你看到交談的對方突然焦躁地看著手錶，或者望著天空詢問現在的時刻，就應該儘早結束話題，讓對方明瞭你不是一個毫無頭腦的人，你清楚並尊重他的想法，必能留給對方一個美好的印象。

八、避免否定對方的行為

初次見面是建立良好人際關係的重要時期，在這種場合，對方往往不能冷靜地聽取意見、建議並加以判斷，而且容易產生反感。同時，初見面的對象有時也會恐懼他人提出細微的問題來否定其觀點，因此，初見面時應當儘量避免有否定對方的行為出現，這樣才能造成緊密的人際關係。

當然，這並不是讓你不提相反意見，你盡可能地避免當著他的面提出，或者可以借用一般人的看法以及引用當時不在場的第三者的看法，就不會引發對方反射性的反駁，還能夠使對方接受並對你產生良好印象。

九、瞭解對方所期待的評價

心理學家認為，往往不滿足自己的現狀，然而又無法加以改變，因此只能各自持有一種幻想中或期盼中的形象，他們在人際交往中，非常希望他人對自己的評價是好的，比如胖人希望看起來瘦一些，老人願意顯得年輕些等。

十、找出與對方的共同點

如果你想得到對方的好感，找出與對方擁有的某種共同點，即使是初次見面，無形之中也會湧起親切感。一旦接近了心理的距離，雙方很容易推心置腹。

十一、以笑聲支援對方

做個忠實的聽眾，適時地反應情緒，尤其要發揮笑的作用，可以使對方排除陌生感、緊張感。即使對方說的笑話並不很好笑，也應以笑聲支援，產生的效果或許會令你大吃一驚。因為，雙方同時笑起來，無形之中產生了親密友人一樣的氣氛。

十二、表現出自己關心對方

表現出自己關心對方，必然能贏得對方的好感。

記住對方說過的話，事後再提出來當話題，也是表示關心的做法之一，尤其是興趣、夢想等，對對方來說，是最重要、最有趣的事情，一旦提出來做話題，對方一定會覺得愉快。

帶著微笑與人結交

每個民族都有自己特別的風俗習慣和文化，都有自己的禁忌和避諱。然而卻有一種交流方式是全球通用的，這便是微笑。微笑是我們這個星球上最通用的語言，因此，不論走到哪裡，都要帶著微笑。與人結交更要如此。

俗話說得好：「眼前一笑皆知己，舉座全無礙目人。」的確，沒有人能輕易拒絕一個笑臉。笑是人類的本能，要人類將笑容從臉上抹去是件很困難的事情。由於人類具有這樣的本能，因此微笑就成了兩個人之間最短的距離，具有神奇的魔力。真誠的微笑是交友的無價之寶，是社交的最高藝術，是人們交際的一盞永不熄滅的綠燈。

美國的希爾頓飯店名貫五洲，是世界上最富盛名和財富的飯店之一。董事長唐納・希爾頓認為：是微笑給希爾頓帶來了繁榮。為什麼希爾頓這麼重視微笑呢？

許多年前，一位老婦人在希爾頓心情不好的時候去拜訪他，希爾頓不耐煩地抬起頭，他看見的是一張微笑的臉。這張笑臉的力量是那麼不可抗拒，希爾頓立即請她坐下，兩人開始了愉快的交談。交談中他發現這婦人真的是那麼慈祥，她臉上真誠的微笑完全感染了他。從此，他把微笑服務作為飯店的宗旨。每當他在世界各地的希爾頓飯店視察時，總會問員工：「今天，你對顧客微笑了嗎？」

如果你去任何一家希爾頓飯店，你就會親身感受到——希爾頓的微笑。唐納．希爾頓總結說：微笑是最簡單、最省錢、最可行、也最容易做到的服務，更重要的是，微笑是成本最低、收益最高的投資。因此，他要求員工不管多麼辛苦，多麼委屈，都要記住任何時候對任何顧客，用心真誠地微笑。

即使是在二十世紀三〇年代的大蕭條中——各行各業，每個人的臉上都掛著愁雲慘霧的時代，希爾頓的員工仍然用自己的笑容給每位顧客帶去陽光。大蕭條過後，希爾頓率先進入了繁榮期。也許是希爾頓人的微笑贏得了「上帝」，從此，它邁入了黃金時期。

可見，若想贏得他人好感，應遵循的準則是「微笑」。任何人，包括善於做人者在求人給自己辦事時，應給被求者留下一個好的印象，而微笑則是辦事前鋪墊準備最佳途徑。笑容堆滿臉，不僅讓人覺得自己的真誠，而且會形成一種和諧的氣氛。

如果你心裡不想笑，那怎麼辦？首先必須迫使自己笑。如果就你一個人，那就先開始吹吹口哨或哼哼歌曲。用這種方法控制自己，彷彿人很幸福，於是你就真覺得自己是幸福的人了。

某哈佛大學教授說過：「似乎行動隨感情而生，其實行動和感情是互相聯繫的。在很大程度上控制行動的是意志而不是感情，我們可以間接地調節非意志決定的感情。那麼，為使人感到精神振作，你必須表現出精神振作的樣子。」

微笑就像一抹宜人的春風，微笑拉近人與人之間的距離，讓人與人之間的交流更加親切自然，要圓融為人不要忘了微笑。

告訴對方「你很重要」

許多事業上卓有成就的人成功的原因是他懂得結交和馭人之術。而其中最重要的一點，也即最有效的一點就是：讓別人感到自己很重要。因為每個人都想獲得來自他人的尊重，得到別人的重視。那麼，你就不妨滿足他這個需要。

羅斯福是一位懂得使別人感到自己很重要的人。只要是去過牡蠣灣拜訪過羅斯福的人，無不為他那博大精深的學識所折服。不管對方從事多麼重要或卑微的工作，也不管對方有著什麼樣顯赫或低下的地位，羅斯福和他們的談話總能進行得非常順利。

也許你會感到十分的疑惑，其實不難回答，每當他要接見某人時，他都會利用前一天晚上的時間仔細研讀對方的個人資料，以充分瞭解對方的興趣所在，因而讓對方感覺到自己被重視了。這樣精心準備怎能不使會面皆大歡喜呢！

貴為總統尚且如此，我們凡人為何不肯承認別人的重要？所以，要使他人真心地尊敬和喜歡你，非常樂意為你做事，原則上是要拿對方感興趣之事當話題，讓他感覺到自己的重要。在滿足別人的重要感之後，很多事情都迎刃而解了。

很多人，尤其是身居上位者，極易產生高高在上之感，極易用俯視的心態去面對他人，彷彿他們只是自己實踐理想的「棋子」，而忽略了其身為人對於自身肯定的需求。用真誠的心去肯定別人，就會拉近心與心的距離，形成一個良好的人際關係。在通常情況下，人們內心所想的東西，即使不用嘴說出來，不用筆寫出來，也會被對方覺察體會出來。假如你對對方有厭惡之情，儘管你沒有說出來，但是由於你這種心理的支配，你多少會露出一些「蛛絲馬跡」，被對方捕捉住，或被對方體察出來，不久，他對你也會產生壞印象的。

美國著名企業家傑克·威爾許所說：「天下最易使人頹喪不振、衝勁全失的就是來自上級主管的批評、責罵。」拋開那些傷人的話語，隨之以各式各樣的方式告訴他：「你很重要」，受到肯定的人自然會在尊重與肯定下以誠相待、全力以赴幫忙。

準備多個劇本，努力讓對方演主角

卡內基認為，人與人交往時，只有尊敬對方，交際活動才能順利進行。如果總是壓制對方、強迫對方服從自己，對方不久就會對你產生敵對情緒，因而失去對你的信賴。因此，交際中應儘量地尊敬對方，努力讓對方感到交際的主角是他。

在人際交往中，要讓對方扮演主角就得準備多個「劇本」。因為不知交往會在何處受挫，所以就必須把能觀測到的對方談話內容寫進「劇本」，然後自己根據「劇本」演好配角。

要做到使對方成為主角，調查收集與此相關的資訊就顯得非常重要。如：對方有什麼愛好？對方最喜歡什麼？憎惡什麼？對方講話有什麼特點？對方有什麼個人習慣？對方的弱點有哪些？要基於這樣的資訊，擬寫一份能使對方成為主角並能打動對方的「劇本」。如果能夠做到這一步，對方就會感到與你交往心情舒暢，因而對你產生好感。

在交際過程中，如果遇到某個人你原先準備採用「中等水準」的交際方式，但當你發覺這種方式實在無法進行下去，這時就需要修改「劇本」重新預演一下。不過在事先應該假設出交際過程中有可能會出現的各式各樣的問題，並針對這些問題設想一下自己應做出怎樣的調整。

另外，卡內基還建議我們必須考慮到：對方也有針對於自己的「劇本」，如果對方提出自己預料之外的問題，那麼失敗的可能是自己，所以必須反覆斟酌，不斷改善，這樣才能使對方成為主角。在工作中，只有幹好了配角你才能得到上司的提拔，而處處與上司爭功，不配合上司工作則只能是受排擠。

讓對方做主角，還要讓他感受到自己的重要性，因為每個人都有成為重要的人物的欲望，圓融為人就要看到這種普通的個人欲望，讓他知道你尊重他，在意他。

如果我們只圖從別人那裡獲得什麼，那我們就無法給人一些真誠的讚美，那也就無法真誠地給別人一些快樂了。你每一天都可以讚賞別人，並獲得應有的效果。

如何做?何時做?何處做?回答是，隨時隨地都可做。譬如，你在飯店點的是法式炸洋芋，可是女侍者端來的卻是洋芋泥，你就說：「太麻煩妳了，我比較喜歡法式炸洋芋。」她一定會這麼回答：「不，不麻煩。」而且會愉快地把你點的菜端來，

因為你已經表現出了對她的尊敬和重視。

一些客氣的話實際上就是對別人的重視。「謝謝你」，「請問」，「麻煩你」，諸如此類的細微禮貌，可以潤滑每日生活的單調齒輪。有時候，真誠地重視別人往往還會產生意想不到的效果。

用你的熱情增加你們的緣分

如同磁鐵能吸引四周的鐵粉，熱情也能吸引周圍的人，改變周圍的情況。所以我們必須對它敏感，永遠不要讓自己感覺遲鈍、嗅覺不靈，永遠也不要讓自己失去那份應有的熱忱。

在現實生活中，可能很多人都覺得市場經濟是冷冰冰的，沒有什麼人情可言，所以很多人在經濟追逐中感受不到溫暖，只會覺得恐慌。但是我們的心態是可以調整的，我們的態度是可以改變的。保持一顆熱情的心，你就會像一支火炬，感染著身邊的每一個人。

成功學的創始人——拿破崙・希爾指出，若你能保有一顆熱忱之心，那是會給你帶來奇蹟的。如果你沒有足夠的熱情，下面的喬・吉拉德熱忱訓練四部曲，將會對你有所幫助：

一、要對某件事十分在乎，隨時要有某事可以寄託你的熱忱。或許是一個目標或想法。對某件事的在乎其實就是為培養熱忱而暖身。

二、把你的興奮大聲地表現出來。早晨醒來，告訴自己：「要快樂喲！」你就會真的變得很快樂。因為上天給了你一個很棒的禮物——全新的一天，你要讓今天過得比昨天更好。

三、利用「充電器」。找一個能讓你充電的對象，他必須是天生的贏家，是個強者。在你能量不夠時，他能給你力量。

四、以童心看世界。不管你年紀有多大，都要用充滿好奇的童心看待整個世界，要隨時保持熱切期待的心態。孩子們總是抱著渴望、好奇的態度，覺得這個世界充滿了驚奇和未知。每一天對他們來說都是探險，所以，他們總是全身心地投入每一天。這種態度值得成年人學習。保持孩童般的熱忱，學著全身心投入每一天。

鍛鍊你的熱情，和你每天的體能運動一樣重要。如果你想要成功的認識陌生人，你想讓陌生人喜歡你、尊敬你、接受你，千萬要熱情的對待他。

讓對方知道你瞭解、包容他

一個人自己的努力與能力往往只是成功的一半，找到適合與自己合作的人，才算找到了成功的另一半。那麼，怎樣找到那個適合的人呢？就是要瞭解他，包容他，就像瞭解你自己，包容你自己一樣，只有瞭解別人，才談得上結交，才能有好的合作，也只有瞭解了別人，才能夠在合作的過程中揚長避短，互相配合。

與人結交並建立良好的合作關係，需要瞭解他人，包容他人。每個人都有自己的優缺點，在與人合作的過程中，你不可能只與他人的優點合作，當與他人的缺點發生衝撞時，你唯一能做的就是包容。

關於這方面，還有一個意義深刻的故事。

有一天，沙漠與海洋談判。

「我太乾，乾得連一條小溪都沒有，而你卻有那麼多水，變成汪洋一片，」沙

漠建議，「不如我們來個交換吧。」

「好啊，」海洋欣然同意，「我歡迎沙漠來填補海洋，但是我已經有沙灘了，所以只要土，不要沙。」

「我也歡迎海洋來滋潤沙灘，」沙漠說，「可是鹽太鹹了，所以只要水，不要鹽。」

正如上面的海洋與沙漠一樣，我們想得到一種東西，也必須容忍其他一些東西也跟過來。只有這樣才是所謂的「雙贏」。

有戲劇學院的兩個同學，畢業後一起進入演藝圈，他們都很有才氣，在學校的時候就顯得與眾不同，兩人雖然彼此惺惺相惜，卻也因好強而暗中較量。

雖然兩人同時畢業於戲劇學院，但一位是導演系的，一位是表演系的，因此入行後，一位當導演，一位做演員。

經過一段時間努力，兩人在工作職位上都表現得很出色，也各自擁有了一席之地。有一次，剛好有部電影可以讓他倆合作，基於兩人是要好的同學，而且心裡對彼此的才能和需求都非常瞭解，所以爽快地答應一起合作。

這個導演對於演員一向要求比較嚴格，所以在拍戲的過程之中，雖然是自己的同學也毫不客氣地加以指責。而已經是名演員的老同學也有自己的見解和個性，所以片場的火藥味總是很濃。

有一天，導演因為幾個鏡頭一直拍不好，不禁怒火中燒，對著自己的老同學大發脾氣，一句重話馬上脫口而出：「我從來沒見過這麼爛的演員！」

名演員一聽，臉色蒼白地愣住了。他走到休息室，不肯出來繼續拍戲。

「一道籬笆三個樁，一個好漢三個幫。」一個人在社會生活中，不可能永遠是孤軍打天下，總會有與別人攜手合作的時候。因此，我們也可以說合作關係是人際關係的另一面鏡子。

學會與別人結交並合作有很多的技巧，不是說你本著一顆真誠的心就可以萬事大吉的。要與人合作必須瞭解別人，只有在瞭解了別人的基礎上，才談得上合作的關係，只有對別人有了充分的瞭解，才能揚其長避其短，使其有信心與你共事。

瞭解別人也是一種能力，而不僅僅是一種態度。在很多情況下，我們都是感情用事，不夠理智，不懂得換位思考，這為我們帶來了許多麻煩，所以我們每個人都應該以一顆包容的心，忍受別人不合理的行為，學習去欣賞並接受不同的生活方式、文化等。

結交人脈要懂得「投其所好」

在我們想要認識某個人的時候，若找到和對方的情感共鳴點，讓對方覺得你是「同路人」、「對胃口」，那麼，與他建立關係就是一件容易的事情了。

有一次，著名相聲演員馬季到山東煙臺市演出，幾家新聞單位的記者紛紛前來採訪，不料，馬季先生一一婉言謝絕，這使記者們十分失望。這時，有一個愛好相聲的記者再次叩響了馬季的房門，說：「馬季先生，我是一個相聲迷，我對如今的相聲表演有一些自己的看法……」馬季先生一聽，便十分熱情地接待了她。

這位記者正是用她和對方對相聲的愛好及共有的興趣做文章，巧妙地打開了馬季先生的「話匣子」，順利地完成了採訪任務。

在利用人脈辦事的過程中如果能夠恰到好處的利用投其所好的智慧，辦成事的機率也會大大增加。要想通融事，必先通融人。不先把人「搞定」，就不會把事搞定。而「搞定」人的方法有很多，「投其所好」便是最有效的方法之一。俗話說：「不怕對方不上套，就怕對方沒愛好。」世上所有的事都是由人來辦的。所以，與其苦心地琢磨事，不如盡心竭力地琢磨人。如果能夠將對方的脾性愛好摸得一清二楚，只要順其意行，就能達到事半功倍的效果。

依靠人脈辦事，如果能得到對方的認可，做起事來自然如同順水行舟。省心省力的同時，也更容易達到自己的目標。所以，在瞭解所求之人的基礎上，投其所好，主動逢迎，這是一舉兩得的好事，一來博得了他的賞識，迎得了他的歡心，讓他喜歡你；二來得到了他的相助，這才是真正的目的所在。但是，投其所好結交人脈，也是要講究技巧的。

首先，要有分寸，過猶不及。

投其所好無外乎兩種方式：以物予之，以情感之。第一種主要是指根據貴人的喜好贈送禮品。送禮品時一定要注意，不能選太過昂貴的，不能送得太頻繁，只能偶爾為之。第二種是指把握貴人的心理、興趣愛好，從情感上接近他。以情感之就要注意掌握火候、分清眉高眼低，否則就容易引起他的厭煩，讓他把你歸到諂媚的類別中去。

其次，讓你的討好合情合理。

投其所好的最高境界，就是讓你的行為看起來合情合理，不露一絲討好的痕跡。比如買的禮品說是別人送的，自家用不上，陪人下棋說是自己有棋癮，等等，這樣別人既領了你的情，又不會覺得你太急功近利。

生活中，我們總免不了和陌生人打交道。如果你能夠透過仔細觀察和揣摩發現此人的獨特之處，就可以找到一些相互交流的話題。

沒事也要常聯繫

沒事也要經常和他人保持聯繫，日後當你真的需要他們時，他們也不會覺得突兀，因為你已經為你們的關係提前投入了。

很多人都有過這樣的經歷：當自己遇到了困難，認為某人可以幫自己解決時，本想馬上去找他，但後來想一想，過去有很多時候本來應該去看人家的，結果都沒有去，現在有求於人了就去找他，是不是太唐突了？甚至因為太唐突了而擔心遭到他的拒絕？但是這有什麼辦法呢？

要知道，為人交友，本來就應該有事沒事都常來常往。缺乏了必要的聯繫，時間一長，再牢靠的關係也會變得鬆懈，再好的朋友也會變得互相淡漠，到時候再去求人辦事做生意，就會不知不覺地平添一些隔膜。

所以，即使你現在不需要他人或者他人的幫助，你也有必要和他們保持聯繫。如果你只在需要他們支援的時候，或者需要他們開口的時候，或者需要他們為你引

薦的時候才想起與他們聯繫，那麼很快他們就會明白，你只是在利用他們，這樣做不但不能和他們建立起良好的關係，還容易損害你們已經建立起來的關係。在不需要幫助時與他人保持聯繫，還會給你的生意帶來很多意想不到的機會。

有一個業務員有一個客戶，他只能在每年從八月中旬開始到九月底為止的這段時間裡見到他，因為那是客戶的公司準備財務報告的時期。還有就是每年五月的一天，當客戶把納稅申報單帶到辦公室來的時候。「除此以外，我和他沒有任何其他的聯繫。」

這個業務員有一天忽然心血來潮，邀請了那位客戶一起吃午飯。他回憶說：「我們一點也不談生意上的事情，這一點，我有言在先。我發現，我們兩個人都喜歡某位作家。之前，我發現了一位新作家，他的作品和我們喜歡的作家的作品風格相近，在我家裡有這位作家的書，我想把它們送給那位客戶以示友好。我把書帶到辦公室，包裝好了以後寄給了他。」後來，他們兩個又經常在一起談論這個作家以及其他的一些話題。

令這個業務員沒想到的是，他從這個客戶這裡竟然又接到了很多生意。儘管那次午餐純屬業務員無意中想到的，卻為他的業務帶來了大量契機。

還有一個業務員，他每個季度都會給客戶寄一些東西。他給他們寄去的不是銷售廣告資訊，而是其他一些與客戶有關的資訊。比如，他從報紙或雜誌上看到一篇和他的客戶有關的文章，那是關於他們所處的行業的，他認為他的客戶會對此感興趣，於是就把文章寄給他們。在客戶生日的時候，他會給他們打電話，而且會寄生日賀卡。透過這些業務之外的聯繫，這個業務員和他的客戶一直維繫著良好的關係，當業務員有事找他們時，他們總是樂於合作，而且也心甘情願地為這個業務員介紹更多的生意。

可見，你和他人的關係持續的時間越長、聯繫越多，關係也就越深厚，你所得到的益處也就越多。

積極的、牢固的關係包含著給予和收益的雙重內容，如果你在不需要他們的時候還是持續保持與他們的聯繫，那麼當你真的需要他們的協助時，他們也很樂意為你施以援手。

Chapter 5

拿捏分寸的人性心理學

讓一步海闊天空，爭一步窮途末路

人與人之間需要相互溝通和忍讓，缺少這兩樣便什麼事也幹不了。不要斤斤計較，因為在給對方設一道門的時候，其實也把自己堵在了門外。

兩個人在一架獨木橋中間相遇了，橋很窄，只能容一個人通過。兩人都想著讓對方給自己讓路。一個說：「我有急事，你讓我先過。」另一個人說：「我們誰也不願讓，那就同時側身過橋。」

兩人一想也對，就側過身子臉貼臉地過橋。這時一個人暗暗推了另一個人一把，另一個在掙扎中抓住了他，兩人同時掉進了水裡。

做人是一生的學問，凡是在爭來爭去中度過時光的人，都算不上真正懂得做人底線的智者。與之相反，「求讓」則是保證能夠安心做事的重要的做人底線。「爭」與「讓」的區別在於：「爭」在於不失分寸，「讓」在於敢舍一切。如果用「爭」的方法，你絕不會得到滿意的結果；但用「讓」的方法，收穫會比預期的高出許多。

語言的殺傷力也是巨大的，如果你非要在嘴巴上爭一下，倒不如讓步為好。

承認自己有錯讓你有些難堪，心中總有些勉強，但這樣做可以把事情辦得更加順利，成功的希望更大，帶來的結果可以沖淡你認錯的沮喪情緒。況且大多數情況下，只有你先承認自己也許錯了，別人才可能和你一樣寬容大度，認為他有錯。這就像拳頭出擊一樣，伸著的拳頭要再打人，必須要先收回來方有可能。

遇到爭論時，首先做出讓步，這是有禮貌的表示，而不是傷面子的行為。如果執意爭吵，只會對雙方都造成傷害。因此，快速、真誠地讓步，承認自己的錯誤，你與對方的距離拉近了，在他覺得你真誠的情形下，他也會真誠地待你了。

當你對的時候，你就要試著溫和地、技巧地使對方同意我們的看法；而當你錯了，就要迅速而真誠地認錯。這種技巧不但能產生驚人的效果，而且會把辦不成的事辦成。

人們最容易被「讓」所打動，最容易被「爭」所激怒。「讓」與「爭」關係的選擇，可以說常為低調做人的智者所把握，成為他們行之有效的做人方式。

兔子急了也咬人，得理也要讓三分

在這個世界上，沒有完全絕對的事情，就像一枚硬幣一樣具有它的兩面性。這就告誡我們做人做事都不要太絕對，要給自己和他人留有餘地。

在一個春天的早晨，房太太發現有三個人在後院裡東張西望，她便毫不猶豫地撥通了報警電話，就在小偷被押上警車的一瞬間，房太太發現他們都還是孩子，最小的僅有十四歲！他們本應該被判半年監禁，房太太認為不該將他們關進監獄，便向法官求情：「法官大人，我請求您，讓他們為我做半年的勞動作為對他們的懲罰吧。」

經過房太太的再三請求，法官最後終於答應了她。房太太把他們領到了自己家裡，像對待自己的孩子一樣熱情地對待他們，和他們一起勞動，一起生活，還給他們講做人的道理。半年後，三個孩子不僅學會了各種技能，而且個個身強體壯，他們已不願離開房太太了。房太太說：「你們應該有更大的作為，而不是待在這兒，記住，孩子們，任何時候都要靠自己的智慧和雙手吃飯。」

許多年後，三個孩子中一個成了一家工廠的主人，一個成了一家大公司的主管，而另一個則成了大學教授。每年的春天，他們都會從不同的地方趕來，與房太太相聚在一起。

房太太就是「得理讓三分」的典範。

「人活一口氣，佛爭一炷香。」這是一個人在被人排擠，或者被人欺侮時，經常說的一句急欲「爭氣」的話。

其實也未必如此，試想一下，一個人究竟能有多大的氣量？大不了三萬六千天，這還是極少數。「得理不讓人，無理攪三分。」這是普通人常犯的毛病。其實，世界上的理怎麼可能都讓某一個人占盡了？所謂「有理」、「得理」在很多情況下也只是相對而言的。凡事皆有一個分寸，過了這個分寸就會走向反面，「得理不讓人」就有可能變主動為被動，反過來說，如果能得理且讓人，就更能表現出一個人的氣量與水準。給對手或敵人一個臺階下，往往能贏得對方的真心尊重。

得理讓人，多發生於競爭情境，由於讓人行為出現而使衝突化解，爭鬥平息，對手變手足，仇人變兄弟。因此，讓人是避免鬥爭的極好方法，對自己也具有一定價值。它具體表現在：

一、得理不讓人，讓對方走投無路，有可能激起對方「求生」的意志。而既然是「求生」，就有可能是「不擇手段」，這對你自己將造成傷害，好比把老鼠關在房間內，不讓其逃出，老鼠為了求生，會咬壞你家中的器物。放牠一條生路，牠「逃命」要緊，便不會對你的利益造成破壞。

二、對方「無理」，自知理虧，你在「理」字已明之下，放他一條生路，他會心存感激，來日自當圖報。就算不會如此，也不太可能再度與你為敵。這就是人性。

三、得理不讓人，傷了對方，有時也連帶傷了他的家人，甚至毀了對方，這有失厚道。得理讓人，也是一種積蓄。

人情翻覆似波瀾。今天的朋友，也許將成為明天的對手；而今天的對手，也可能成為明天的朋友。世事如崎嶇道路，困難重重，因此走不過的地方不妨退一步，讓對方先過，就是寬闊的道路也要給別人三分便利。這樣做，既是為他人著想，又能為自己留條後路，多一個朋友多一條路。

關鍵時刻也要當仁不讓

「謙讓」並不是一味講退讓、忍讓，在道德信條中，「謙讓」是指在名利、權位上的讓，謂之「君子不爭」。而在原則問題上，在展露自己才華的場所，高明的人又很推崇「當仁不讓」。

古代推崇的競爭是雍容大度、自信自強、公平的競爭，在該爭的時候，是不必謙讓的。孔子還對他的學生說過，「當仁，不讓於師」。雖說禮尚辭讓，但在為仁這樣的事上，則要勇往當之，無所辭讓，即使在老師面前也一樣。

歷史上「何為復讓」的故事，講的就是當仁不讓的道理。

晉人王述被調任尚書令，朝廷的任命一到，王述就即刻赴任。王述的兒子得知後，對父親說：「您應該謙讓一下，把職位讓給杜許吧。」

王述反問兒子：「你說我能勝任這個職務嗎？」

兒子回答：「您非常合適，但是能謙讓一下總還是好些吧，至少在禮俗上也應該謙讓一下呀！」

王述搖著頭，不無感慨地說：「你既然認為我能夠勝任尚書令一職，為什麼又要我謙讓呢？別人都說你將來會勝過我，我看你到底還是不如我啊！」王述本是個「安貧守約，不求聞達，性沉靜」的人，但在國家需要自己承擔重任時，卻勇當不讓，他並不是追逐名利，而是責任感和自信的表現，因而在歷史上一直被人們所稱道。

職場中，每個人都在為自己的利益考慮，都在追求晉升以獲得更多的利益，所以在關鍵時候還要有「心計」地主動請纓、當仁不讓。

小萱在廠裡一做就是四年，自認工作態度還行，也沒有犯過任何過錯，可是老闆卻對此視若無睹。她覺得自身價值得不到提升，心有不甘心卻不敢當面跟老闆提。雖然，她曾多次在開會上暗示過老闆，但老闆對此卻無動於衷。最後，她還是鼓足勇氣，向老闆提出了加薪要求。沒想到的是，老闆在觀察她工作幾週後終於給她加薪了。

屬於自己的權益，還得靠自己主動爭取。而不光自己的權益，有些晉升機會也是可以靠自己爭取來的。當你能正確地估價自己的分量時，不妨主動請纓，採取「當仁不讓」的積極爭取策略。

比如說，當你瞭解到某一職位或更高職位出現空缺而自己完全有能力勝任這一

職位時，保持沉默，絕非良策，而是要學會爭取，主動出擊，把自己的想法或請求告訴上級，這樣往往能讓你如願以償，而過分的謙讓只會堵死你的晉升之路。

當仁不讓，得到你所得到的東西，這本是理所當然的事情，過分地謙讓反而讓你顯得虛偽。

在不確定中做最壞的打算

社會上有許多事都具有不確定性，這就由不得你不去花費心機。俗話說：「人生不如意事，十有八九。」事實上，人生如意之事，到後來七折八扣的，也是常有的事，如果能夠得到其中七成八成的滿意度，就算是幸運的了。

君不見，不管是自己信心十足，或別人事前拍胸脯打包票，到頭來卻落得一場空的事情，不知有多少?所以說，凡事事前想得太美、想得太順、想得太理所當然乃是大忌。人生的種種勝敗、興衰和得失往往只在一瞬之間，稍有大意，事後恐怕就只有乾瞪眼的份了。

封建帝制時期的王位繼承，雖然講的是嫡長子繼承制，但是現實中的變數卻相當多。例如，皇帝沒有親生兒子，或者是嫡長子不夠賢能、強悍，如果再牽涉王室及各方權勢的勢力消長，當然就很難平靜無波，甚至可能形成慘烈的王位爭奪戰。

宋朝的第二任皇帝宋太宗趙光義，或許因為長子元佐不成材，曾經玩火燒皇宮，所以冊立三子真宗為太子。

儘管如此，太宗所寵信的宦官王繼恩卻勾結大臣李昌齡等人，說服皇后李氏，仍然暗中企圖擁立長子元佐。在太宗病重命危的時候，王位爭奪的詭異氣氛更呈現山雨欲來之勢。也正是這個時候，支持真宗的宰相呂端，眼看太宗快撐不下去了，便進宮探望。這位被太宗視為小事糊塗、大事不糊塗的宰相，果然機靈，當他發現真宗居然沒在太宗身邊陪侍，生怕在這個關鍵時刻王位繼承的事有變，於是便寫下「病危」兩字，火速派人交給真宗，要真宗立刻進宮陪侍太宗。

不久之後，太宗駕崩了，李后便派王繼恩前來召呂端進宮。呂端心想準沒好事，於是就騙王繼恩進御書房整理太宗的遺墨詔書，然後將王繼恩鎖在御書房內。

李后見了呂端來，便開門見山地說：「皇帝已經駕崩了，應該由長子繼承皇位才合乎禮制。」呂端不慌不忙地回答說：「先帝早就預先冊立太子，目的就是要太子能夠順利繼承皇位。先帝剛剛崩逝，就要違抗他的遺命，恐怕會引起朝中大臣的非議。」李后少了王繼恩在旁興風作浪，不得已只好宣佈真宗繼承帝位。

當然事情沒那麼簡單，在真宗還沒真正登基之前，呂端還是小心翼翼，生怕中途發生變故。就在真宗即位大典的那一天，正當他準備垂簾接受群臣叩拜的時候，呂端還是要求真宗捲起簾幕，並且親自登上殿階，確認是真宗本人沒錯之後，才放心地帶領文武百官高呼：「皇上萬歲！萬萬歲！」

在強敵環伺或者競爭激烈的地方，沒有人是勝利的「真命天子」。即使擁有若干官樣文章的保證，握有若干形勢上的優勢，但在肥肉還沒吃進肚子裡之前，可先別說勝利是屬於自己的。

呂端深深瞭解，儘管真宗擁有太子身分，是太宗確定的接班人，但在王位爭奪的詭譎形勢中勢如蟬翼，如果不步步為營，掌握每一個轉折的機鋒，恐怕就會有不可逆轉的變化。所以，即使到了真宗登基的時候，他都還要確認是否為真宗本人，才放心地叩頭稱萬歲。這種謹慎嚴謹的態度，或許正是「凡事抱著最壞打算，才能確保勝算」的最佳寫照。

善用計謀的人，即使對於一件很簡單的事，也會預想出幾種可能的結果，做好最壞的打算，才能確保最後的勝算。

成其事，須「曉之以理，誘之以利」

從某種意義上說，人是追逐利益的動物，但又受理性的約束，如果能曉之以理、誘之以利，雙管齊下則是戰勝人性，辦成大事的高招。

戰國時，秦國的文信侯呂不韋打算進攻趙國，希望藉此以擴大河間一帶的土地，於是讓蔡澤出使燕國。過了三年，燕國把太子丹送到秦國來做人質，呂不韋就請張唐去幫助燕國，打算跟燕國一起攻打趙國，以開闢河間的土地。

張唐推辭說：「到燕國去，一定要經過趙國，趙國人如果抓住我，可以得到百里的封地呢。」

呂不韋將他打發走後，心裡感到很不愉快。少庶子甘羅對呂不韋說：「君侯為什麼這麼不高興呢？」

呂不韋說：「我派蔡澤到燕國去了三年，燕太子丹就來中國做人質了，今天我親自請張唐去燕國完成共同伐趙的使命，他卻不肯去。」

甘羅說：「我能讓他去。」

呂不韋呵斥他走開，說道：「我親自請他去，他尚且不肯，你怎麼能請得動他呢？」甘羅說：「項橐才七歲就做了孔子的老師，我現在已經十二歲了，您應當讓我試試看，何必呵斥我呢？」

於是，甘羅就去見張唐，問道：「您的功勞跟武安君白起相比，誰的功勞更大呢？」張唐說：「武安君打了數不清的勝仗，攻陷了數不清的城池，我的功勞當然比不上武安君。」甘羅又問：「您真的覺得自己的功勞比不上武安君嗎？」

張唐說：「真的覺得。」

甘羅問：「應侯范睢在秦國受重用時，他的權力跟文信侯相比，哪個更大呢？」

張唐說：「應侯比不上文信侯。」

甘羅問：「您真知道應侯的權力比不上文信侯嗎？」

張唐說：「我真的知道。」

甘羅說：「當年應侯要去攻打趙國，武安君有意為難，就被絞死在離咸陽城七里處。如今文信侯親自請您出使燕國，而您竟不願意，我真不知道您會死在哪裡。」

張唐說：「那就聽你的吧，我去！」於是，張唐準備好了車馬和禮物，並且定下了出發的日期。

甘羅對文信侯說：「借給我五輛車子，讓我替張唐去通報趙國，見一下趙王。」

甘羅去見趙王，趙王親自到郊外迎接他。甘羅問趙王：「聽到太子丹去秦國做人質的事了嗎？」

趙王說：「聽到了。」

甘羅說：「燕太子丹到秦國做人質，說明燕國不欺騙秦國。張唐出使燕國，說明秦國不欺騙燕國，秦、燕兩國互不欺騙，如果合力攻趙，趙國就危險啦！燕、秦兩國之所以表示互不欺騙，沒有別的原因，就是為了攻打趙國，以此來擴大秦國的領地。今天大王給我五座城池以擴大河間之地，秦國則送回燕太子，再跟強大的趙國一起去攻打弱小的燕國。」

趙王聽了這一番話，立刻割讓五座城池給秦國。秦國則放回了燕太子。趙國攻打燕國，佔領了上谷的三十六縣，把其中十分之一的土地轉送給了秦國。

所謂有志不在年高，甘羅十二歲出使趙國並獲得巨大成功的事在中國歷史上是十分著名的。但他無論是說服張唐還是說服趙王，所用的謀略無非是講清利害關係。可見，只要運用得當，「曉之以理，誘之以利」永遠是處理人際，甚至國際關係的一招妙棋。

多做超出預期的無私行為

當和別人進行合作時，或者在和別人進行第一次生意時，你首先應該想到的是，你可以為他們做出什麼樣的超出他們預期的無私的事情。你為他們所做的事情越多，你也就越有可能和他們建立並發展良好的、持久的人際關係以及生意合作。

在和那些尚未建立良好人際關係的朋友、客戶或者顧客打交道時，他們都會從各方面去考察和判斷你的動機和行動是不是完全利己、自私的，是不是會為他們這方著想。當他們發現你從來不會為別人著想，只是在為自己的利益做事時，他們就知道你這個人不值得深交、不值得信賴，也就不會再和你進行更深入的生意合作。

有一對老夫婦買了一幢園林式新房，想雇請一位園藝師，鄰居們一致向他們推薦了一個。於是夫婦倆決定就聘請這個大家推薦的園藝師。

然而令夫婦倆奇怪的是，這個園藝師見到他們之後，除了詢問園藝方面的情況

外，還問了他們很多其他方面的問題，並一一記在了自己的本子上。比如：「每天下班後幾點到家？」「週末你們喜歡釣魚嗎？」「附近你們最欣賞誰家的院子？」諸如此類的問題，這個園藝師都詢問得一清二楚。

不過很快，老夫婦就明白園藝師的良苦用心了，他除了按時修剪植物外，還總是不斷給他們帶來驚喜：他會把他們新買的聖誕樹挪到一個更陰涼的地方，他會給他們寄一些關於綠色肥料的文章，他還會在週末來臨時，提前為他們準備好第二天釣魚用的魚餌。

老夫婦明白為什麼鄰居都向他們推薦這個園藝師了，人家無私地向自己提供了這麼多服務，自己能不滿意嗎？

你和對方的關係狀況很大程度上取決於你所做的事是否能滿足對方的預期。你所做的事達不到對方的預期，對方很難與你合作；你所做的事剛剛符合對方的預期，對方和你的關係也就一般而已；只有你所做的事完全超出對方的預期時，對方才會高興與你合作，你和他之間才會有長久的關係。

以獎勵喚醒人性的優點

在生活中，如果以獎勵喚醒人性的優點，往往要比用懲罰抑制人性的弱點更有效果。

以喚醒人性的優點代替懲罰人性的弱點，這一管理方法適用於很多場合，比如一般的組織管理、家庭管理乃至人際交往。

在一個組織內，管理者要想提高工作效率，杜絕職員工作拖拖拉拉的情況，僅僅是制定工作量，規定完不成工作量就遭受懲罰是不可能有好的效果的。相反，獎勵則可帶來意想不到的效果。

一家製衣廠，熨燙車間人手吃緊，工作總是難以如期完成。公司根據調查總結，得出每個工人平均每天可以熨燙四十件服裝。於是，公司以此為標準，規定每個工人的工作量為每天四十件。工人平均每天熨燙服裝的件數超過四十件，就能拿到全額獎金。否則，就會遭受罰款，罰款額與所缺工作量成正比。

這一制度推行之後，工人的緊張感增強了，工作氛圍有了好轉，大家都爭取達到規定的工作量。當然，也有人不在乎的，因為每月的獎金數也不多，而且是固定的，與超出標準的多少不掛鉤。到月底，百分之九十的人都完成了工作量，不過，整體工作效率並沒有多大的提高。

經過商討，公司決定實行新的獎金制度。在保留懲罰規定的基礎之上，取消固定獎金，實行機動獎金。即多熨燙一件，就多一份獎金，獎金的多少與熨燙服裝超過工作量的數量成正比。也就是說，只有超過工作量，才有獎金。超得越多，獎金也就越多。

制度一出，第一個月的業績就令管理者們大吃一驚。有的員工，竟然創造了一天熨燙一百二十件服裝的業績。一個月下來，一統計，管理者們更是吃驚不小：不少的員工的每日平均工作量達到八十件。員工的士氣高漲，公司的整體效率也有了很大的提高。

為什麼結果會這樣？因為「懲罰」給人們的警示是消極的，是別做什麼，別成為什麼。只要能守住底線，就不會遭受損失。而獎勵給人們的資訊是積極的，是做什麼，成為什麼。只要超過一定的標準，就會有更多回報。

就拿製衣廠的熨燙車間的工人來說，只有懲罰而無獎賞，並不能給他們以奮發向上的動力，不能讓他們主動去提升自己的能力，挖掘自身的潛力。同時，懲罰助長了這樣一種心理，達到規定的工作量就行了，多的我也不必做。

相反，獎勵卻激發他們的榮耀感、好勝心，促使他們好上加好，為獲得更多的報酬，創造更佳的業績，甚至創造奇蹟。

這一道理也適用於家庭的管理中，不論是夫妻之間，還是父母與兒女之間。如果你已為人父母，你希望家裡保持足夠的整潔，你希望子女更自覺地做家務，你通常會怎麼做？是懲罰、責備亂扔垃圾和不做家務的懶惰分子，還是表揚、獎勵為保持清潔衛生做出努力的勤快分子？不用說，後者有效得多。多多表揚、獎勵那些主動做家務的子女吧，你一定會看到可喜的變化的。

懲罰制度的出發點是以抑制工人們的弱點——懶惰、拖遝、渙散來提高生產效率，但它不能激發人們的工作熱情，因此效果並不理想；新的獎金制度的出發點是喚醒人性的優點——榮譽感、自尊心、好勝心，這恰恰是人們創造輝煌業績的原動力。

不在失意人面前談論你的得意

聰明的人會將自己的得意放在心裡，而不是放在嘴上，更不會把它當做炫耀的資本。

當你和朋友交談時，最好多談他關心和得意的事，這樣可以贏得對方的好感和認同，因而加深你們之間的感情。

生活中，與人相處，一定要謹記——不要在失意者面前談論你的得意。雖然，人在得意之時難免有張揚的欲望，但是要談論你的得意時，要注意場合和對象。你可以在演說的公開場合談，對你的員工談，享受他們投給你的欽羨目光，也可以對你的家人談，讓他們以你為榮，但就是不要對失意的人談。因為失意的人最脆弱，也最敏感，你的談論在他聽來都充滿了諷刺與嘲諷的味道，讓失意的人感受到你「看不起」他。

當然有些人不在乎，你說你的，他聽他的，但這麼豪放的人不太多。因此，你所談論的得意，對大部分失意的人是一種傷害，這種滋味也只有嘗過的人才知道。

一般來說，失意的人較少攻擊性，鬱鬱寡歡是最普遍的心態，但別以為他們只是如此。聽你談論了你的得意後，他們普遍會有種心理——懷恨。這是一種轉移到心底深處的對你的不滿的反擊，你說得唾沫橫飛，不知不覺已在失意者心中埋下一顆炸彈，多划不來。

失意者對你的懷恨不會立即顯現出來，因為他無力顯現，但他會透過各種方式來洩恨，例如說你壞話、扯你後腿、故意與你為敵，主要目的則是——看你得意到幾時，而最明顯的則是疏遠你，避免和你碰面，以免再見到你，於是你不知不覺就失去了一個朋友。

隨意自誇是不善做人者的通病，為此常會敗事。只有改變這一點，不被人討厭，才有可能真正被人接納，找到成事的「切入點」。

即使對方再謙虛，也要保持低調

與人交際過程中，雖然對方很謙虛，雖然你的能力確實很高，但也要保持低調，不要過分地表現自己，這樣才不會導致別人的反感和敵視。

在與人交往的過程中，我們會遇到一些謙虛有禮的人。他們總是客套地說「如有不周之處，還請多多指教」、「請多提寶貴意見」、「很多方面還需要向您多多學習」……

事實上，雖然說人要想得到別人的認可，就得善於表現自我，但是表現過分反而會遭到別人的反感，以至於讓你寸步難行。因此，適當地低調一些，適度地隱藏自己的實力是明智之舉。

王偉是某政府機關辦公室主任，對下屬非常和藹，總喜歡說「有什麼意見大家儘管提」。不過，談起新人在單位急於表現的話題，他只是搖頭歎氣。他舉例說，有一年招募了一個中文系畢業生，人是很用功，但用心程度總是使不到點子上。

畢業生來上班的第三天，看見王偉桌上有一份老闆的發言稿，他覺得文章結構不夠合理，於是，也沒問過王偉就自己把稿子拿回去改了。改完以後，還直接把稿子交到老闆手裡。

那篇稿子的初稿是王偉寫的，已經給老闆看過，並根據老闆的意思做了修改，文章的結構也是老闆慣用的。開會時，老闆讀起稿子來很不順，與自己習慣的風格相去甚遠，會後，老闆對王偉大發雷霆。

事後，王偉把畢業生叫到辦公室，那位畢業生不但不覺得自己做錯了事，而且還辯解說是為老闆好，辦公室裡大家都覺得他太過自大。

無論是剛從校門走進社會的畢業生，還是在跨國公司間跳槽的資深職業經理人，到了一個全新的工作環境，總會希望儘快展現自己的才華，以求得到別人的瞭解與認同。急於顯露自己的能力，是很多新人的通病，也是人之常情。

當然，對於剛來的新人，上司對他的工作表現一般都會比較寬容。雖然他們與新人見面時，都會談及公司的不足，並說些鼓勵的話，比如「希望你的到來能為公司注入新的活力」之類。但實際上，他們不會指望新人一進公司就能馬上出成績，反而會透過一些小事來觀察新人的為人、品性、工作態度等，據此形成一個基本判斷。這個判斷會影響上司將來對這位新人的使用。此外，作為上司，他們並不希望

新人的到來一下子打破原有的平衡，就算他們有計劃用新人來替代原來的員工，也希望能平穩過渡。

很多剛走出校門的畢業生，都有想闖一番事業的豪情壯志，所以到了新單位，做什麼事都想衝在前面，希望給別人留一個好印象，尤其是遇到謙虛的上司。但實際上，這樣高調張揚的表現反而容易弄巧成拙。

不僅是在職場，商場、情場等亦是同理。與他人打交道，就要做一個有心計的人，在剛開始相互接觸或接手某些事情的時候，學會低調，適當地隱藏自己的實力，對方再怎麼謙虛，也不應該過分表現自己。只有這樣，才能登上成功的寶座，而且坐得穩。

萬事皆有度，過猶不及

做任何事情都要適度，無論交際對方是何類人，一定記住「過猶不及」。至於如何能做到中庸，實在是一門博大精深的學問。

古有云：「恩不可過，過施則不繼，不繼則怨生；情不可密，密交則難久，中斷則有疏薄之嫌。」意思是施恩不可以過分，因為過分的施捨是不能永遠持續下去的，一旦中斷施捨就會有怨恨產生；交情不可以過於密切，因為密切的交往是很難保持永久不變的，一旦中斷，就讓人有了疏遠冷淡的嫌疑。

有一回，孔子帶領弟子們在魯桓公的廟堂裡參觀，看到一個特別容易傾斜翻倒的器物。孔子圍著它轉了好幾圈，左看看，右看看，還用手摸摸、轉動轉動，卻始終拿不準它究竟是幹什麼用的。於是，就問守廟的人：「這是什麼器物？」

守廟的人回答說：「這大概是放在座位右邊的器物。」

孔子恍然大悟，說：「我聽說過這種器物。它什麼也不裝時就傾斜，裝物適中

就端端正正的，裝滿了就翻倒。君王把它當做自己最好的警戒物，所以總放在座位旁邊。」

孔子忙回頭對弟子說：「把水倒進去，試驗一下。」

子路忙去取了水，慢慢地往裡倒。剛倒一點兒水，它還是傾斜的；倒了適量的水，它就正立；裝滿水，鬆開手後，它又翻了，多餘的水都灑了出來。孔子慨歎說：「哎呀！我明白了，哪有裝滿了卻不倒的東西呢！」

子路走上前去，說：「請問先生，有保持滿而不倒的辦法嗎？」

孔子不慌不忙地說：「聰明睿智，用愚笨來調節；功蓋天下，用退讓來調節；威猛無比，用怯弱來調節；富甲四海，用謙恭來調節。這就是損抑過分，達到適中狀態的方法。」

子路聽得連連點頭，接著又刨根究底地問道：「古時候的帝王除了在座位旁邊放置這種鼓器警示自己外，還採取什麼措施來防止自己的行為過火呢？」

孔子侃侃而談道：「上天生了老百姓又定下他們的國君，讓他治理老百姓，不讓他們失去天性。有了國君又為他設置輔佐，讓輔佐的人教導、保護他，不讓他做事過分。因此，天子有公，諸侯有卿，卿設置側室之官，大夫有副手，士人有朋友，平民、工、商，乃至做雜役的皂隸、放牛馬的牧童，都有親近的人來相互輔佐。有功勞就獎賞，有錯誤就糾正，有患難就救援，有過失就更改。自天子以下，人各有父兄子弟，來觀察、補救他的得失。太史記載史冊，樂師寫作詩歌，樂工誦讀箴諫，大夫規勸開導，士傳話，平民提建議，商人在市場上議論，各種工匠呈獻技藝。各種身分的人用不同的方式進行勸諫，因而使國君不至於騎在老百姓頭上任意妄為，放縱他的邪惡。」

眾弟子聽完，一個個面露喜悅之色。他們從孔子的話中明白了一個道理：在任何情況下，人們都要調節自己，使自己的一言一行合乎標準，不過分，也不要達不到標準。中庸，在孔子和整個儒家學派裡，既是很高深的學問，又是很高深的修養。追求恰到好處、適可而止，這是做人處事的一種境界，一種哲學觀念。比如吃飯，餐餐最好吃到恰到好處，每頓飯不要因飯菜不好而餓肚子，也不要因飯菜特好而把肚皮撐得鼓鼓的，適可而止，就永遠保持健康的胃口。

孔子講的中庸，絕不是無謂的折中、調和，而是指為人處世應該慎重選擇一種角度，一種智慧。有一些人認為孔子講的中庸就是不講原則，那是對「中庸」思想的誤解，其本質是過猶不及、適可而止，這也正是我們游刃於人脈之間的一條重要法則。

無誠意道歉是無效的道歉

與人交往，不可避免地會說錯話，做錯事，得罪人也就在所難免了。嚴重時，甚至給別人造成沉重的精神痛苦和巨大的經濟損失。對此，我們需要及時認識到自己的錯誤，誠懇道歉，並主動承擔責任。

如果你錯了，就要及時承認。與其等別人提出批評指責，還不如主動認錯道歉，更易於獲得諒解寬恕。凡是堅信自己一貫正確，發生爭端總是武斷地指責對方大錯特錯而自己從不認錯、道歉的人，根本不能服眾。

道歉也要真誠，道歉並非恥辱，而是真摯和誠懇的表現。道歉的時候也不要總是為自己的過失尋找藉口，以保住自己的面子。這樣做，只會讓人覺得你沒有誠意。沒有誠意的道歉是不會獲得他人的諒解的。道歉，不只是「對不起」簡單三個字，還是一種心靈美的外在表現。勇於道歉的人，也是善於體諒別人，善於設身處地為他人著想的人。所以一旦發現自己做錯了，一定要及時地、真誠地表達歉意，這樣更容易得到別人的原諒。

道歉也有很多方法：

一、道歉態度要誠懇

真心實意地認錯、道歉，不歸咎於客觀原因、做過多的辯解。即使確有非解釋不可的原因，也必須在誠懇的道歉之後再略為解釋，而不宜一開口就辯解不休。

二、將道歉寓於讚美中

在道歉的時候，稱讚對方，讓對方獲得自我滿足感，知道自己是正確的，別人是錯誤的，這樣能輕而易舉地獲得對方的諒解。

三、道歉要別出心裁

用巧妙的方式道歉，容易使對方在感動、驚訝之餘，不計前嫌，欣然接受。

四、幽默中道歉

採用風趣幽默的方式進行道歉，可以使別人更容易地接受你的歉意。

道歉要及時。發現自己的錯誤並及時道歉，才能迅速彌補言行失誤帶來的不良後果。

Chapter 6

善用心計的
駕馭心理學

製造強大的敵人，引起同仇敵愾

在生活中，應坦誠待人，不可鉤心鬥角。但是，有的時候，還是需要講究一些策略，比如，要爭取某人的支持，就可以把雙方的共同點擴大，找到共同的利益，樹立共同的敵人，使對方與自己「同仇敵愾」，這種方法在要維護自己的合法、合理權益，而自己又勢單力薄時是有效也有必要的。

春秋時，吳國和越國是敵國，經常交戰。一天，十幾個吳人和越人碰巧同搭了一艘渡船，但都互不答理。不料，船到江心時，天色驟變、狂風頓起、暴雨如注，巨浪洶湧而來，渡船劇烈地顛簸著，吳國的兩個孩子嚇得哇哇大哭，越國的一個老太太跌倒在船艙裡。

老艄公一面竭力掌好船舵，一面讓大家速躲進船艙。另兩名年輕的船工，馬上奔向桅杆解開繩索，想把篷帆解下來，可是一時又解不開。而如果不趕快解開繩索，

把帆降下來，船就有可能會翻掉。

就在這個千鈞一髮之際，乘客們都爭先恐後地衝向桅杆去解繩索，此時也不分誰是吳人誰是越人了。他們非常有默契，配合得就像左右手。

過了一會兒，渡船上的篷帆終於降下來了，船也顛簸得也不那麼厲害了。老艄公望著風雨同舟、共渡危難的人們，歎道：「吳、越兩國如果能永遠和睦相處，該有多好啊！」

這個故事講的就是《孫子兵法》中「吳越同舟」這個成語的來歷。本來素有恩怨的吳越兩國人，在面臨更大的敵人，即暴風雨的襲擊時，結果為了共同的利益而同心協力、合作默契。由此可見，即使是敵對的雙方，當面臨更大的敵人時，雙方也會消除恩怨，同仇敵愾。

這種心理真的很微妙，為此，心理學家曾做過一個實驗來加以證明：

三個人為一組做簡單的「撞球遊戲」，誰最後被淘汰，誰就是獲勝者。顯然，這三個人分別構成了敵對關係。結果顯示，如果在比賽中，有一個人遙遙領先，那麼其他兩個人就會聯合起來，共同阻撓領先者得分。

瞭解了人們所普遍存在的這種心理，善加利用，就有可能解除對立者之間的警戒狀態，讓對方與自己達成一致，獲得共贏。例如，具有同等競爭力的中小企業，彼此間難免存在磨擦，進而產生糾紛，甚至會演變到水火不容的地步。這時，如果讓對方意識到，如果繼續敵對下去，會讓某公司，尤其是大公司坐享漁翁之利。這樣，對方就會產生危機感，不敢再「自相殘殺」，讓共同的敵人獲益。而原先的那種敵對情緒也就大大減弱了，彼此間的關係也就更加和諧，因而「化敵為友」，積極解決問題，盡可能實現共贏。

其實，「共同的敵人」也未必真的存在，有些時候，可以故意製作一個「假想敵」，甚至可以演「雙簧」，一個扮「白臉」，一個扮「黑臉」。當然，這必須配合得天衣無縫，否則會弄巧成拙，使對方產生反感。

此外，還有一種情況，就是：「共同的敵人」是存在的，但是又不知道具體是哪一個。在這種情況下，仍需要雙方的通力合作。

例如，在全球的飲料市場上，可口可樂和百事可樂是前兩強，沒有哪個品牌能夠擠進去。這就在於可口可樂和百事可樂這兩個「夙敵」的默契配合，他們看不到具體的「共同的敵人」，但是他們在激烈的市場競爭中存在著無數的敵人。所以，無論兩個「夙敵」如何激烈地競爭，都不靠打「價格戰」來擠兌對方，只要防住協力廠商，他們的市場佔有率就可以繼續維持了，利潤也就得到了保證。

如果雙方為了一點對立就爭得不可開交，可以製造一個強大的共同敵人，引起同仇敵愾，因而轉移對方的注意力，有助於雙方「化敵為友」，達成共識。這樣才能通力合作，促進彼此共同發展。

收放自如，把對手控制在你的手中

一張一弛，文武之道。在做人做事方面，只有懂得收放自如的人，才能將主動權穩固地把握在自己的手中。

劉秀當上東漢開國皇帝後，有一段時間很憂鬱。群臣見皇帝不開心，一時議論紛紛，不明所以。一日，劉秀的寵妃見他有憂，怯生生地進言說：「陛下愁眉不展，妾深為焦慮，妾能為陛下分憂嗎？」

劉秀苦笑一聲，悵悵道：「朕憂心國事，妳何能分憂？俗話說，治天下當用治天下匠，朕是憂心朝中功臣武將雖多，但治天下匠的文士太少了，這種狀況不改變，怎麼行呢？」

寵妃於是建議說：「天下不乏文人大儒，陛下只要下詔查問、尋訪，終有所獲的。」劉秀深以為然，於是派人多方訪求，重禮徵聘。不久，卓茂、伏湛等名儒就相繼入朝，劉秀這才高興起來。

劉秀任命卓茂做太傅，封他為褒德侯，食二千戶的租稅，並賞賜他幾杖車馬、一套衣服、絲綿五百斤。後來，又讓卓茂的長子卓戎做了太中大夫，次子卓崇做了中郎，給事黃門。伏湛是著名的儒生和西漢的舊臣，劉秀任命他為尚書，讓他掌管制定朝廷的制度。

卓茂和伏湛深感劉秀的大恩，他們曾對劉秀推辭說：「我們不過是一介書生，為漢室的建立未立寸功，陛下這般重用我們，只怕功臣動將不服，於陛下不利。為了朝廷的大計，陛下還是降低我們的官位為好，我們無論身居任何職，都會為陛下誓死效命的。」

劉秀讓他們放心任事，心裡卻也思慮如何說服功臣朝臣，他決心既定，便有意對朝中的功臣們說：「你們為國家的建立立下大功，朕無論何時都會記掛在心。不過，治理國家和打天下不同了，朕任用一些儒士參與治國，這也是形勢使然啊，望你們不要誤會。」

儘管如此，一些功臣還是對劉秀任用儒士不滿，他們有的上書給劉秀，開宗明義便表達了自己的反對之意，奏章中說：「臣等捨生忘死追隨陛下征戰，雖不為求名求利，卻也不忍見陛下被腐儒愚弄。儒士貪生怕死，只會動唇舌，陛下若是聽信了他們的花言巧語，又有何助呢？儒士向來缺少忠心，萬一他們弄權生事，就是大患。臣等一片忠心，雖讀書不多，但忠心可靠，陛下不可輕易放棄啊。」

劉秀見功臣言辭激烈，於是更加重視起來，他把功臣召集到一處，耐心對他們說：「事關國家大事，朕自有明斷，非他人可以改變。在此，朕是不會人言亦言的。你們勞苦功高，但也要明白『功成身退』的道理，如一味地恃功自傲，不知滿足，不僅於國不利，對你們也全無好處。何況人生在世，若能富貴無憂，當是大樂了，為什麼總要貪戀權勢呢？望你們三思。」

劉秀當皇帝的第二年，就開始逐漸對功臣封侯。封侯地位尊崇，但劉秀很少授予他們實權。有實權的，劉秀也漸漸壓制他們的權力，進而奪去他們的權力。

大將軍鄧禹被封為梁侯，他又擔任了掌握朝政的大司徒一職。劉秀有一次對鄧禹說：「自古功臣多無善終的，朕不想這樣。你智勇雙全，當最知朕的苦心啊。」

鄧禹深受觸動，卻一時未做任何表示。他私下對家人說：「皇上對功臣是不放心啊，難得皇上能敞開心扉，皇上還是真心愛護我們的。」

鄧禹的家人要鄧禹交出權力，鄧禹卻搖頭說：「皇上對我直言，當還有深意，皇上或是讓我說服別人，免得讓皇上為難。」

鄧禹於是對不滿的功臣一一勸解，讓他們理解劉秀的苦衷。當功臣們情緒平復下來之後，鄧禹再次覲見劉秀說：「臣為眾將之首，官位最顯，臣自請陛下免去臣

的大司徒之職，這樣，他人就不會坐等觀望了。」

劉秀嘉勉了鄧禹，立刻讓伏湛代替鄧禹做了大司徒。其他功臣於是再無怨言，紛紛辭去官位。他們告退後，劉秀讓他們養尊處優，極盡優待，避免了功臣干預朝政的事發生。功臣在歷史上所起的作用是巨大的，可是功臣若走向對立面，他們的影響力和破壞力也是驚人的。對待他們，社會地位不能降低，以示恩寵，但不給實權，就可防患於未然了。

放縱是有條件的，在某些方面，該放的就要放；而在另一方面，該收的也一定要收。在要害處只收不放，這是放縱的首要前提。收放結合，才能把人牢牢控制住。如果只收不放，那容易束縛住別人的手腳，讓人發揮不出才華；而如果只放不收，則容易讓別人放縱恣肆，無法無天，不受控制。

在《三國演義》裡，呂布曾經埋怨曹操給他的封賞太小，曹操回答說：「你就像一隻鷹，只有在餓的時候才能為人所用，如果飽了，就會飛走了。」所以說，對待部下，需要收放有度，這樣才能很好地利用其價值。

給別人以同情，他人甘願被你所控

有時候你會碰到一些讓你覺得厭煩、心地狹窄、不可理喻的人，不要去厭惡他、遠離他，而應去同情他、理解他。你自己不妨默誦約翰．戈福看見一個喝醉的乞丐蹣跚地走在街上時所說的那句話：「若非上帝恩典，我自己也會這個樣子。」

胡洛克可能是美國最有成就的音樂經紀人。二十多年來，他一直跟藝術家有來往例如像夏里亞賓．伊莎德拉、鄧肯以及帕夫洛瓦這些世界聞名的藝術家。胡洛克先生說，與這些脾氣暴躁的明星們接觸所學到的第一件事就是必須同情，對他們那種荒謬的怪癖更是要同情。

他曾擔任夏里亞賓的經紀人達三年之久——夏里亞賓是最偉大的男低音之一，曾風靡大都會歌劇院。然而，他卻一直是個「問題人物」。他像一個被寵壞的小孩，以胡洛克先生的特別用語來說：「他是個各方面都叫人頭痛的傢伙。」

例如，夏里亞賓會在他演唱的那天中午，打電話給胡洛克先生說：「胡洛克先生，我覺得很不舒服。我的喉嚨像一塊生的碎牛肉餅，今晚我不能上臺演唱了。」

胡洛克先生是否立刻就和他吵了起來？並沒有。他知道一個經紀人不能以這種方式對待藝術家。於是，他馬上趕到夏里亞賓的旅館，表現得十分同情。

「多可憐呀！」他極其憂傷地說，「多可憐！我可憐的朋友。當然，你不能演唱，我立刻就把這場演唱會取消。這只不過使你損失一、兩千元而已，但跟你的名譽比較起來，根本算不了什麼。」

這時，夏里亞賓會歎一口氣說：「也許，你最好下午再過來一次。五點鐘的時候來吧！看看我怎麼樣。」

到了下午五點鐘，胡洛克先生又趕到他的旅館去，仍然是一副十分同情的姿態。他會再度堅持取消演唱，夏里亞賓又會再度歎口氣說：「哦！也許你最好待會兒再來看看我。我那時可能好一點了。」

到了七點三十分，這位偉大的男低音答應登臺演唱了，他要求胡洛克先生先上大都會的舞臺宣佈說，夏里亞賓患了重傷風，嗓子不太好。胡洛克先生就撒謊說他會照辦，因為他知道，這是使這位怪脾氣的男低音走上舞臺的唯一辦法。

亞瑟·蓋茲博士在《教育心理學》中說：「所有的人類都渴望得到同情……從某種觀點來看，為真實或想像的不幸而『自憐』，實際上是一種世界性的現象。」給別人以同情吧，這將是你掌控他人的有效方法之一。

利用「期望效應」讓他人聽你指示

拜託別人、對他人有所期望是出於現實的需要，畢竟每個人的能力是有限的；當別人來拜託你時，你心中會有一股滿足感、成就感油然而生，做起事來也幹勁十足。因此，如果你想要他人聽從你的指示，不妨將自己對對方的期望明確地表現出來，因為心理學上有一個非常著名的「期望效應」，它是說，人往往會按照他人所期望去做。

羅森塔爾在加州某學校做了一個著名的實驗來論證「期望效應」。

那是一年新學期剛開始的時候，羅森塔爾請求校長對兩位教師說：「根據以往的教學考察，我認為你們是本校最優秀的教師。為此今年學校特地挑選了一些極為聰明的孩子給你們當學生。但是，為了不傷害到其他的教師和學生，請你們儘量像平常一樣教這些聰明的孩子，一定不要讓其他人知道你們是挑選出來的最優秀的老師，你們的學生也是被特意挑選出來的高智商的孩子。」

之後的一年裡，這兩位教師更加努力地教學。在學年考試中，這兩個班級的學生成績成為全校中最優秀的，將其他班級遠遠地拋在了後面。

接著，校長公開了一個令人驚訝的事實：這兩位老師和他們的學生都不是被特意挑選出來的優秀者，而是隨機選出的。

在這個實驗中，校長撒了謊，所謂的「天才學生」和「最優秀的老師」其實都是平凡人。但是由於校長的權威性，以致所有人都相信了這個謊言。首先，兩位教師相信了它，接著教師又在不知不覺之間透過自己的語言和行為將期望傳遞給學生——「我期望你們是最優秀的」。這樣，無論是教師還是學生，他們的自尊、自愛、自信、自強都被前所未有地激發起來，並且推動著他們去取得成就。

由此可見，利用「期望效應」來使他人按照自己的意圖行事，是一個非常明智的方法。尤其是當你處於對方上級的地位的時候，對下屬滿懷期望，這種「降級拜託」的行為往往能在更大程度上激發起對方的幹勁，使「期望效應」產生更大的影響。

絕大多數人都有過這樣的經歷：當自己的上級對自己說：「我對你的將來抱有很大的期望」或者「我對你很有信心，你一定能將這份工作做好」的時候，心中就會產生無法形容的興奮感，並下定決心，好好做，以免辜負了人家的期望。

值得注意的是，適度地對他人寄予期望是一件好事，但如果超過他人的能力範圍期望過度的話，就會給對方造成沉重的心理負擔，令人惶恐不安，進而產生反抗心理。為了避免你的期望產生副作用，需要注意幾點：

一、你的期望需要綜合當事人的能力加以考慮，若是對方根本做不到的事情，就會產生副作用；不過，期望對方解決其力所能及範圍之內的適當困難，能夠增加對方的滿足感。

二、當對方達到了你的期望，別忘記讚賞他。

三、如果對方沒有達到你的期望，也不要指責他，應給他激勵與安慰，顧全他的自尊和自信，這樣更有利於你贏得人心。

給予對方適當的期望，能夠滿足對方實現自我價值的需求，同時，還能夠激發對方的責任感、自尊心、自豪感等一系列積極的心理因素，催促他聽從你的指示，並且竭盡全力將事情做好。

恰當的回饋，使對方積極為你辦事

生活中，回饋效應是普遍存在的。我們應該記住：有回饋比沒有回饋好，正面回饋比負面回饋好；即時回饋比遠時回饋的效應更大。

心理學家赫洛克曾做過一個有關回饋的著名的實驗：

他把一〇六名四、五年級的小學生分成四個組，讓他們每天練習相同的數學題目。當然，不同的組練習後，所受到的「待遇」是完全不同的。

第一組為受批評組，每次練習後，都挑出學生們的錯誤，並嚴加批評。

第二組為受表揚組，當學生們練習完以後，針對他們不同的良好表現予以表揚和鼓勵。

第三組為被忽視組，對這組的成員，既不批評也不表揚，只讓其靜聽其他兩組挨批評和受表揚。

第四組為控制組，這組和前三組是隔離的，並且也不會得到來自於外界的任何

評價。

一段時間後，赫洛克對四個組的練習效果進行了考察，結果顯示：控制組的練習效果是最差的。而在前三組中，被忽視組的練習效果明顯低於其餘兩組。而在練習效果相對較好的受表揚組和受批評組中，受表揚組的練習效果最好，並且呈現不斷上升的趨勢。

由此可見，不同的評價對學生們的活動效果有著不同的影響，而沒有評價是最壞的情況。其實，評價就是對他人活動的一種回饋，而所謂回饋指的是行為者對自己行為結果的瞭解，這種瞭解能夠強化先前行為的作用，因而使行為者更加積極地做出類似的行為，提高行為的效率，這一現象，被心理學家稱為「回饋效應」。也就是說，給予對方合適的回饋資訊，能夠使他更加積極地努力。

著名心理學家多湖輝曾經講述了這樣一個故事：

有一個管理者想要解雇一個職員。不過，這位管理者並沒有像大多數人一樣，直接通知職員「你被解雇了」；而是採用了一點兒心理技巧，讓這個職員主動申請離職。這位管理的做法是：無論這位職員將工作做得怎樣，管理者都不置一詞，完全把他當成了一個「透明人」。就這樣，沒多久，這位職員就主動辭職了。

一個人的活動沒有辦法得到他人的回饋反應，會極大地打擊他的活動積極性。因此，如果你想要他人積極地為你效力，那麼你就一定要給予及時、恰當的回饋，這樣才能使對方保持積極性。

走「流氓路線」，讓對方無計可施

在非常時刻，循規蹈矩只會浪費時間，打破常規、撒潑使賴的「流氓路線」，卻可以讓對手撓破頭皮卻無計可施，是取勝的「奇招」。

鄭莊公曾在廢立太子問題上猶豫不決。他晚年想廢掉太子忽，立次子突，結果被謀臣祭足勸住，但自此給小兄弟倆留下芥蒂。莊公一死，太子忽即位，因公子突的母親雍是宋國人，突便跑到宋國去了。

後來宋國國君答應幫公子突坐上鄭國國君的寶座，但他想索要些好處，否則不但不幫他為王，還會把他獻給鄭國，以得到鄭國三座城邑的犒賞。公子突便答應宋國國君，只要宋君幫他為王，他便給宋君「六座城邑，年年貢奉糧食」。宋君聽後十分高興，滿口答應設法讓公子突回國即位，好白得許多好處。

宋君派人去鄭國，告訴各位大臣宋國將派兵送回公子突，那時宋國正強盛，鄭國哪裡是它的對手，所以大臣們紛紛倒戈擁護公子突。太子忽見大勢已去，便跑到衛國避難去了。

這年秋天，公子突回國即君位，是為厲公。

宋國一面派人來稱賀，一面索要厲公應諾的城邑和糧食。

厲公當時許諾城邑時，並未打算真給宋國，如今他剛即位為君，就拱手送出六座城邑，怎麼向群臣交代，他自己又如何立得住腳呢？所以他假意說要與卿大夫們商量，城邑的事情暫緩，先送點糧食。

宋君一看厲公反悔抵賴，十分生氣，聯合齊國準備攻打鄭國。鄭國與魯國聯合起來抵抗，打敗宋齊聯軍，城邑的事也就沒人再提了。

宋國乘人之危，製造事端威脅利誘，妄圖坐收漁人之利，白得好處。鄭厲公在緊迫形勢下，假意承諾，取得宋國支持，達到了自己的目的，而後過河拆橋，一反前諾，既保全了國土，又奪得了君位。

對付乘人之危之人，就該走諾而不行的「流氓路線」，反正自身已處安全地帶，諒他也奈何不了我。而中國歷史上另一人物劉邦，可謂把流氓路線走得爐火純青，而最終身為「大丈夫」的項羽也被他們打敗，雖是情理之外，但也在意料之中。

《史記》載：項羽問漢王曰：「天下匈匈數歲，徒以吾兩人耳，願與漢王挑戰決雌雄。」漢王笑謝曰：「吾寧鬥智不鬥力。」其賴躍然紙上。後來雙方盟約鴻溝

為界楚漢講和，項羽把劉邦的父親、妻子放了，引兵東歸，劉邦突然毀約，以大兵隨後攻之，把項羽逼死烏江。劉邦之無賴可見一斑。

楚、漢兩軍對峙的時候，項羽曾把劉邦的父親捉拿到軍中，想以此來要脅劉邦。一次，兩軍對陣，項羽把劉邦的父親推到陣前說：「你如果不撤兵，我就把你父親烹煮了。」劉邦竟然毫不猶豫地回答道：「我們倆曾經結拜為兄弟，我爸爸就是你爸爸，你爸爸就是我爸爸，你若把你爸爸煮了來吃，請把肉湯分一杯給我喝。」

「流氓路線」即不循章法，拋開顧慮，百無禁忌。如此行事，守，對手不知從何下手；攻，對手自然不堪一擊。

抓住對方最脆弱的時刻，一擊制勝

人們常說「沒有平平凡凡地成功。」一點也不錯，真正的成功總是屬於那些有準備的人。在應對挑戰的過程中，要善於找到成功的突破點，若能抓準對手最脆弱的時刻，競爭中制勝就要簡單的多了。

有一天，更羸和魏王站在一個高臺上，仰頭看見天空中有鳥飛。

更羸對魏王說：「請大王看看，我可以只拉弓不發箭就能把鳥射下來。」

魏王不相信地說：「難道你的射術可以達到這樣的水準嗎？」

更羸很自信地說：「可以。」

不一會兒，一隻雁從東方飛來，更羸拿起弓拉了一下空弦，那隻雁應聲掉落到地上。

魏王驚歎道：「你射箭的本領居然可以達到這樣的地步！」

更羸說：「這是一隻受傷的孤雁啊！」

魏王問：「先生是怎麼知道的呢？」

更羸回答說：「牠飛得很緩慢，叫聲很悲慘。根據我的經驗，飛得慢，是因為舊傷疼痛；叫得慘，是因為長久失群。由於牠的舊傷沒有長好，一直處於害怕的心情中，所以一聽見弓弦響，就急忙往高處飛，這就引起傷口破裂，從高空掉下來了。」

《孫子．謀攻》有言：「知己知彼，百戰不殆。」這一規律不僅為古今中外許多軍事家所推崇，作為一種智慧，一種決策制勝的方略，它同樣適用於生活的各個方面。面對對手，面對挑戰，我們只有清楚地觀察到對方的每一個細節，才能做到心中有數，採取正確的對策贏得勝利。

聽鴻鳴而知其傷，彈弓而落飛鳥，這是一種境界，更是一種藝術。眼中有數，心中不慌，敏銳地觀察，直擊對方心裡的最弱點，就能出其不意地制勝。

大雁雖然受了傷，脫離了雁群，但是牠依然可以飛翔。內心的孤獨與恐懼消磨了牠前進的動力，牠的傷在身體，更在內心。作為一個有經驗的射手，經過仔細的觀察，更羸顯然看透了大雁的情況，他知曉大雁的弱點，所以即使弓上不放箭，只是一聲空弦聲，大雁也便從高空墜落。

細緻的觀察、嚴密的分析、準確的判斷是更羸虛拉弓弦就能射落大雁的原因。這種觀察、分析、判斷的能力，只有透過長期刻苦的學習和實踐才能培養出來。你可以羨慕更羸彈弓音而落大雁，但你更應看到他的敏銳觀察和為了這一次的射獵而經過的刻苦訓練。

人的一生要面對無數的挑戰，每一次的挑戰都是艱辛而不同的，但成功的法則是不變的，那就是瞭解自己，瞭解對手。以己之長，攻子之弱，在對方最脆弱的那一刻出手，你往往能一擊制勝。

透過說話方式猜透對方心思

說話方式是透露他人內心所想的「視窗」，一個人的說話方式不同，所反映出的真實想法也不同，注意對方的說話方式，你便能猜透對方的真實心理，聽出對方在想什麼。

如果對於某人心懷不滿，或者持有敵意時，許多人的說話速度都變得遲緩，而且稍有木訥的感覺。如果有愧於心或者說謊時，說話的速度自然就會快了起來。

有一個男人每天下班都按時回家，而這一天他下班後卻留在辦公室與同事打撲克牌，回到家時，他就馬上跟老婆說他加班了。

那位「加班」的男人，當他向老婆解釋時，說話的語調不僅快，而且慷慨激昂，好像今天「加班」的確讓他很反感——他是很不願意「加班」的。這樣，他可以解除內心潛在的不安。

當兩個人意見相左時，一個人提高說話的音調，即表示他想壓倒對方。對於那種懷有企圖的人，他說話時就一定會有意地抑揚頓挫，製造出與眾不同的感覺。這樣的人有一種吸引別人注意力的欲望，自我顯示欲在言談之中隱隱約約地就透露出來了。

說話曖昧的人大多數喜歡迎合他人，他們說同一句話既可這樣解釋，又可那樣解釋，含糊其辭。這種人處世圓滑，從不肯吃虧，懂得如何保護自己和利用別人。

經常對他人品頭論足，說長道短，這樣的人嫉妒心重，心胸狹窄，人緣不好，心中孤獨。如果他對諸如別人不跟他打招呼之類的小問題耿耿於懷，說明他在自尊心上受挫，渴望得到別人的尊重。有些人常以老闆的過失和無能為話題，則表示他自己有出人頭地、取而代之的願望。

有人在說話時極力避開某個話題，這說明他在這方面有隱衷，或者在這方面有強烈的欲望。比如當一個人的心中對金錢、權力或某異性懷有強烈的欲望時，很怕被別人識破，於是就故意避開這個話題以掩飾自己的真實用意。

交談時，對方先是與你談一些家常話，這表示他想試探你的態度，瞭解你的實力，探明你的本意，然後好轉入正題。

Chapter 7

化解僵局的應急心理學

以柔克剛，正話反說逆耳忠言

人們總是認為：口才好的人總是能在交際中左右逢源，隨機應變。而語訥的人常常感到自慚形穢，認為自己不善於社交，對人際交往失去信心。其實在社會交往中，如何把話說得恰到好處才是成敗的關鍵。

俗說話「良藥苦口利於病，忠言逆耳利於行」，我們要把話得恰到好處，那麼何不用順耳的忠言、溫柔的言語來化解矛盾呢。試想一下，公園中的草地邊豎立的牌子，有的寫著：「小草默默含羞笑，來往遊客莫打擾」、「百花迎得嘉賓來，請君切莫用手摘」，還有的則用諸如「禁止」、「罰款」等字眼。哪一種更能博得遊人的喜好，使花草得到愛護，這是一目了然的。

不論是工作還是生活中，一個人的能力畢竟是有限的，不可能把任何事情都做到十全十美，時常犯一些錯誤是在所難免的，同學之間、同事之間，如果真誠地提出善意的批評，對於雙方都是有益的。對於他人的任何批評和幫助，我們要懷著誠

意，虛心接受。但是，既然是批評，語言可能會尖銳一些，語氣也會嚴厲一些，忠言逆耳或者順耳，批評能否被接受，這取決於批評者說話的方式方法。

老闆發現祕書寫的報告有不妥之處。後來，他是這樣跟祕書說的：「雅如，這份報告嚴格來說寫得並不錯，思路清楚，重點明顯，有幾處寫得很有見地，看來妳下了工夫。只是有幾個地方提法不妥，有些言過其實，有的地方尚缺定量分析，麻煩妳再修改一下。妳的文筆不錯，過去幾次寫報告也是越修改越好，相信妳這次也一定能改出一個好報告來。」

這樣說，祕書會感到老闆對自己很公正、很器重，充滿期望和信任，因而就會很賣力地把報告改好了。

人活一張臉，樹活一張皮。一個人的自尊是最寶貴也是最脆弱的。很多談話高手在批評別人時，都會選擇委婉的方式。聰明人總是在發現對方的不足時，想辦法找個機會私底下向他透露，而且批評也是較為含蓄的，甚至他會將批評隱藏在玩笑中，這樣就能讓對方很容易地接受建議了。

談吐有趣，在笑聲中擺脫窘境

在日常生活中，常有人由於不慎而使我們身處窘境，或是向我們提一些非分的請求，或是問一些我們不好回答或暫時不知道答案的問題。此時，我們如果直接表示「不滿意」、「不可能」或「無可奉告」、「不知道」，往往會給彼此帶來不快。如果我們想從窘境中脫身而出，不妨借用幽默的力量。

有一次，英國上院議員里德在一篇演講將近結束時，聽眾都認真地望著他，都在傾耳聽著每一個字，但就在這時候，突然有人的椅子腿斷了，那個人跌倒在地上。如果這時做演講的不是像里德這樣靈巧的人，恐怕當時的局面會對演講產生破壞性的影響。但是聰明的里德馬上說：「各位現在一定可以相信，我提出的理由足以壓倒別人。」就這樣，他立刻就恢復了聽眾的注意，而那個跌倒的人也在別人善意的笑聲中，找到了一個新座位。

這個故事給予我們的啟發是：恰到好處的幽默能夠使雙方都從窘迫的情形中脫身而出，里德就是依靠這一點化解了演講中的尷尬局面。如果我們面臨不好回答的問題，而又不能以「無可奉告」進行簡單的說明，不妨找一個大家都能領悟的笑話來說，可以轉移對方的視線。

一九七二年，在美蘇最高層會談前的一次記者招待會上，有人向季辛吉提出了一個所謂的「程式性問題」：「到時，你是打算點點滴滴地宣佈呢，還是傾盆大雨地、成批地發表協定呢？」季辛吉沉著地回答：「你們看，他要我們在傾盆大雨和點點滴滴之間任選一個，無論我們怎麼辦，總是壞透了。」他略微停頓了一下，接著，一字一字地說：「我們打算點點滴滴地發表成批聲明。」在一片輕鬆的笑聲之中，季辛吉解答了這個棘手的問題。

生活離不開交流，交流必然會產生融洽與對立，一旦身處窘境，面對無禮要求或做不到的事情，就像站在懸崖上，前面是深淵後面是追兵。此時婉言拒絕或擺脫便成了我們必須精通的一種說話方式，而靈活的頭腦和幽默的談吐可以讓我們突生翅膀，順利飛到高處，擺脫進退維谷的境地。

實話要巧說，壞話要好說

在生活中，人與人之間交流是避免不了的，同時說話的雙方彼此都希望對方能對自己實話實說。但在某些特定的場合下，顧及面子、自尊，以及出於保密等需要，實話實說往往會令人尷尬、傷人自尊，因此，實話是要說的，卻應該巧說。兩個人的意見發生了分歧，如果實話「實說」直接反駁，就有可能傷了和氣。這時候就需要巧妙地表達自己的意見。

一次事故中，主管生產的副廠長老馬左手指受了傷被送往醫院治療，廠長老丁來看望時，談到車間小吳和小齊兩個年輕人技術水準較強，但組織紀律觀念較差，想讓他們離職一事。老馬當時沒有表態，只是突然捧著手「哎喲哎喲」大叫。

丁廠長忙問：「疼了吧？」

老馬說：「可不是，實在太疼了，乾脆把手鋸掉算了。」

老丁一聽忙說：「老馬，你是不是疼糊塗了，怎麼手指受了傷就想把手給鋸掉

呢。」

老馬說：「你說得很有道理，有時候，我們看問題，往往因注重了一方面而忽視了另一方面啊。老丁，我這手受了傷需要治療，那小吳和小齊……」

老丁一下子聽出老馬的「弦外之音」，忙說：「老馬，謝謝你開導我，小吳和小齊的事我知道該怎麼處理了。」

老馬用手有病需要治療比喻人有缺點需要改正，進而巧妙地把用人和治病結合起來，既沒因為直接反對老丁傷了和氣，而且又維護了團結，成功地解決了問題。

說話是一門應當用心鑽研的藝術，說實話需要語言的修飾，要巧妙的表達自己的意思，尤其是說一些「壞話」時，更要用心選擇恰當的方式。

林肯當總統期間，有人向他引薦某人為閣員，因為林肯早就瞭解到該人品行不好，所以一直沒有同意。

一次，朋友生氣地問他，怎麼到現在還沒結果。林肯說，我不喜歡他那副「長相」。

朋友一驚，道：「什麼！那你也未免太嚴厲了，『長相』是父母給的，也怨不得他呀！」

林肯說：「不，一個人超過四十歲就應該對他臉上那副『長相』負責了。」

朋友當即聽出了林肯的話中話，再也沒有說什麼。

很顯然，這裡林肯所說的「長相」和他朋友所說的「長相」，根本不是一回事。林肯巧妙地利用詞語的歧義性，道出了「這個人品行道德差，我不同意他做閣員」這句大實話，既維護了朋友的面子，又達到了自己的目的。

善於周旋，總能化干戈為玉帛

一個真正的應酬高手，不僅能夠識人，認人、通曉人際關係理論，而且還能活用這些知識，在日常生活中與人和睦相處。反之，拙於應酬，不善周旋的人，總是會遭遇尷尬。

李小姐年輕漂亮，在姑姑、阿姨的操心下，開始和男士約會。第一位男士是在政府部門工作的公務員，因為不是週末，第一次約會李小姐選在了離公司比較近的餐廳。點菜的當下，男士把菜單放在了李小姐面前，讓她點自己喜歡吃的菜，李小姐照做了。席間，他們談得很愉快，買單的時候，價格似乎高了些。但男士很爽快地把單買了，然後問了以後的聯繫方式。

第二次約會是週末下午，在茶坊坐下後，不知不覺又到了晚飯的時間，李小姐心裡想著要回請他，就提議一起吃晚飯。菜還是李小姐點，可是結帳時，李小姐還沒來得及開口，那位男士掏出皮夾把帳結了。

李小姐當時還想，和他爭著買，說不定會傷他的自尊，等以後熟一點了，再來買單。沒想到，她卻再也沒有這樣的機會了。因為兩天後，男方的介紹人拐彎抹角地說了一大堆他不適合她的理由。最後，她聽出來了，是男方看她太會花錢，太不體諒男方。

有了第一次教訓，當事小姐遇到第二個合緣的男士時，不管去哪裡，去幹什麼，每次她都搶著買單，有時雙方幾乎到了爭執的地步。她想，這樣做別人就不會說我了吧。

可是人家又不高興了，在交往了一個多月後，她收到了男士發的訊息，在訊息中說：「我知道，我的收入沒有妳高，但妳也不用這樣不給我面子，我覺得妳太主觀，和妳在一起很有壓力。」

李小姐應酬的差錯出在沒摸清對方的意思，還錯誤地將舊的經驗應用到不同的人身上。應酬是人與人的交流，如果你沒有摸清對方真正的意圖，再多的表面工夫也是白費的。只有對症下藥，用正確的方法對待正確的人，才能避免在交往中以尷尬收場。

在生活中，我們常常會遇到一些性格內向、不善言辭的人，在與人應酬時，不知如何是好，不知道該說什麼，不知道該做什麼。所以，每次應酬都像是在受罪，

因而對應酬也避之猶恐不及。但是人生在世，卻又免不了要遇到各式各樣的應酬，不善於應酬的人要想在事業或是生活上獲得成功，那是非常困難的。所以，適當地學習一些應酬之道，對我們的生活及事業都是有百利而無一害的。

談生意需要應酬，相親需要應酬，跟老闆交往也需要應酬，也許有些人嫌煩了，等到跟自己的親人、朋友在一起的時候，便完全放下了心，覺得既然已經是親戚、老熟人了，那還應酬個什麼呀？大家都敞開心廓，該說什麼就說什麼，該做什麼就做什麼，不用來那麼多俗套，這樣的想法其實也是錯的。

朋友關係和親屬關係也是需要你去精心維護的，誰說跟朋友吃飯、聊天、打球、逛街不是應酬呢？誰說跟親戚一起過年，過節不是應酬呢？有些人就是因為與熟人相處時很隨意，連得罪了朋友都不知道。

會應酬得會周旋，這樣才能不至於把自己陷入尷尬的境地。在與人交際的過程中才能照顧他人的面子，巧妙化解他人之間的不愉快，讓我們成為一個應酬的高手。

因勢利導，錯中求勝緩解危局

「不如意之事十有八九。」我們一生中不可能永遠都是風平浪靜，一帆風順的。環境和遭遇常有不盡如人意的時候，問題在於一個人怎樣面對逆境和不順。知道人力不能改變的時候，就不如面對現實，隨遇而安。與其怨天尤人，徒增苦惱，還不如因勢利導，從容地適應環境，在既有的條件下，盡自己的才能和智慧去發掘樂趣。

婚宴上來賓濟濟，爭向新人祝福。

一位先生說道：「走過了戀愛的季節，就步入了婚姻的漫漫旅途，感情的世界時常需要潤滑。你們現在就好比是一對舊機器……」

這話令舉座譁然。這對新人的不滿更是溢於言表，因為他們都各自離異，自然以為剛才之語隱含譏諷。

那位先生的本意是要將這對新人比做「新機器」，希望他們能少些摩擦，多些

諒解。但話既出口，若再改正過來，反而不好。他馬上鎮定下來，略加思索，不慌不忙地補充一句：「已過磨合期。」

此言一出，舉座稱妙。這位先生繼而又深情地說道：「新郎新娘，祝願你們永遠沐浴在愛的春風裡。」

大廳內掌聲雷動，這對新人早已笑若桃花。

這位來賓的將錯就錯令人叫絕，為他自己圓了場。錯話出口，索性顧著錯處續接下去，反倒巧妙地改換了語境，使原本尷尬的失語化作了深情的祝福，同時又道出了新人情感歷程的曲折與相知的深厚，頗有些點石成金之妙。

一般來說，在社交場合，說錯了話，做錯了事，無疑應當老老實實承認，認認真真改正。但在某些特定的場合，如照此辦理會使自己陷入極為難堪的境地或者造成無法彌補的損失時，則不妨考慮一下，能否來個將錯就錯，出奇制勝，因而擺脫窘境。

生活中就不乏其例，而且有趣的是，這種「文過飾非」非但不被視為「惡德」，反倒還是善於審時度勢，權宜機變的智謀表現。

打圓場要讓雙方都滿意

在別人發生衝突爭論的時候，夾在中間的滋味是比較尷尬的。作為爭論的局外人，我們應當善於打圓場，讓衝突得到及時化解。但是在打圓場的時候，一定要注意一個問題，就是要不偏不倚，讓雙方都認為你沒有偏向，都表示滿意。否則，只能是火上澆油，還不如不說。

一名中年男子在一個生意很好的麵攤等了半天才有了位置，要了一份自己常吃的麵。過了一會兒麵端了上來，男子伸嘴想先嘗一口湯。可能湯的味道刺激了他的呼吸道，隨著「哈啾」一聲，他的鼻涕和著麵湯噴在了對面一位顧客身上和麵碗裡。那位顧客愣了一下才反應過來，一下子站起來吼道：「你怎麼亂打噴嚏！」

中年男子也被自己的不雅之舉驚嚇了，賠過禮後緩過神來，對老闆脫口而出一個建議：「我告訴你不要辣椒的，你的麵裡怎麼會有辣椒味道？你賠我的麵錢，我賠人家的麵錢。」老闆問夥計。夥計也很委屈，他明明沒有放辣椒的。

結果顧客、老闆還有圍觀群眾七嘴八舌，說得不亦樂乎。最後老闆感覺這樣下去不是辦法，就主動打圓場，對著廚房間大手一揮，說：「算啦，再下兩碗麵，麵錢全免了，只要大家不翻臉，和氣生財就好！」

兩位顧客這才平靜下來，都表示可以接受。後來他們還跟老闆成了好朋友。可見，適時的打圓場，作用可真是非同一般。

清末的陳樹屏口才極好，善解紛爭。他在江夏當知縣時，張之洞在湖北任督撫，譚繼詢任撫軍，張譚兩人索來不和。

一天，陳樹屏宴請張之洞、譚繼詢等人。當座中談到長江江面寬窄時，譚繼詢說江面寬是五里三分，張之洞卻說江面寬是七里三分。雙方爭得面紅耳赤，本來輕鬆的宴會一下子變得異常尷尬。陳樹屏知道兩位上司是借題發揮，故意爭鬧。為了不使宴會大煞風景，更為了不得罪兩位上司，他說：

「江面水漲就寬到七里三分，而落潮時便是五里三分。張督撫是指漲潮而言，而譚撫軍是指落潮而言，兩位大人都說得對。」

陳樹屏巧妙地將江寬分解為兩種情況，一寬一窄，讓張譚兩人的觀點在各自的方面都顯得正確。張譚兩人聽了下屬這麼高明的圓場話，也不好意思爭下去了。

有時候，爭執雙方的觀點明顯不一致，而且也不能「打混仗」。這時，如果你能把雙方的分歧點分解為事物的兩個方面，讓分歧在各自的方面都顯得正確，這必定是一個上乘的好辦法。某學校舉辦教職員工文藝比賽，教師和員工分成兩組，根據所造的道具自行編排和表演節目，然後進行評比。表演結束後，沒等主持人發話，坐在下面的人就已經分成兩派，教師說教師的好，員工說員工的好，各不相讓。

眼看活動要陷入僵局，主持人靈機一動，對大家說：「到底哪個組能奪第一，我看應該具體情況具體分析。教師組富有創意，激情四溢，應該得創作獎；員工組富有朝氣，精神飽滿，應該得表演獎。」隨後宣佈兩個組都獲得了第一名。

這位主持人心裡明白，文藝比賽的目的不在於決出勝負，而在於豐富大家的娛樂生活，加強教職員工的交流，如果為了名次而鬧翻，實在得不償失。於是，在雙方出現衝突的時候，主持人沒有參與評論孰優孰劣，而是強調雙方的特色並分別予以肯定。最後提出解決爭議的建議，問題自然就解決了。

在與人交往的過程中，有些場合下，雙方因為彼此不同意對方的觀點而爭執不休時，作為圓場的人就應該理解雙方的心情，找出各方的差異並對各自的優勢都予以肯定，這在一定程度上能滿足雙方自我實現的心理。這時再提出建議，雙方就容易接受了。

冷場時主動打破沉默

一個不善於打破沉默的人，會被認為是缺少交際能力、缺少自信的人，會被認為一個很難相處的人。在與人交往的過程中如果能主動打破沉默，就是避免尷尬，與人相處起來很愉快。

文鴻在一家公司待了三年，累積了一些經驗，想換個環境，找一家新的公司。在網上投出簡歷不久，就有一家公司通知他面試。面對面前的五個考官，文鴻雖然久經戰陣，也還是手心冒汗。開始的時候他們輪番轟炸，你一言我一語，問了很多有關專業的問題和他對這個工作的認識。過了幾分鐘，四位考官有事出去了，只剩下一個人提問。到後來，這僅剩的一位考官問題越來越少，最終沉默下來。屋裡從一片吵鬧到寂靜，雙方都感到很不習慣，只好低下頭做些小動作。

文鴻看了看錶，距離面試結束還有五分鐘，如果就此沉默下去，自己這份工作肯定要無望。於是，他從一個被動答問者尋找主動者的感覺，抬起頭來對考官說道：

「我聽說這個公司開始的時候只是給人家做一些仲介生意，經過老闆和員工們的努力，才幾年時間就發展成了一個擁有兩百多人的大公司。看來公司有一種非常好的企業精神。」聽到文鴻打破沉默的這句話，考官重重地點點頭說：「是啊。」原來他就是開始和老闆一起創業的六個人之一，聽到文鴻談起公司的企業精神，馬上精神都來了，還和文鴻很愉快地又聊了十五分鐘。臨走的時候，他對文鴻說：「你很不錯，等好消息吧。」第二天文鴻就接到電話，他被錄取了。

不管是在面試的過程中，還是在與人正常的交往中，常會出現冷場的局面。冷場讓雙方都會很尷尬，當對方把話題都說盡時，再也找不到合適的話題，內心就會有挫敗的感覺，此時你要給人留下愉悅的印象，就要懂得打破沉默，保持你的激情。

冷場常常出現在談話雙方都沒有交集的情況下，所以要用你的激情保證整個談話過程的活躍。如果冷場出現，一定要主動打破沉默，找到可以激起對方興趣的話題，或者運用提問打破沉默，打開對方的話匣子，保證整個交談的過程比較愉悅。

交往過程中的交流應該是互動的，每一個人都應善於尋找合適的話題打破沉默，不管這種沉默是無意的還是有意設置的。這是自信的表現，也是一種能力。

觸及他人痛處的話，如何挽回

每個人都有自己的忌諱，人人都討厭別人提及自己的忌諱。

與他人對話時，必須要看清對方的短處，不要將話題引到這上來，以免招來對方的怨恨，特別是在開玩笑的時候。雖然大多時候，人們開玩笑的動機是良好的，但如果不把握好分寸、尺度，就會產生一些不良的後果。即所謂「說者無心，聽者有意。」因此，掌握說話藝術需要我們在生活中多觀察、多總結，避開別人的痛處。只有這樣，才能夠準確恰當地與他人溝通。

在某學生寢室，初到的新生正在爭排大小。小林心直口快，與小王爭執了半天，見比自己小幾日的小王終於同意排在最末，便說道：「好啦，你排在最末，是我們寢室的寶貝疙瘩，你又姓王，以後就叫你『疙瘩王』啦。」

說者無心，聽者有意，原來小王長了滿臉的青春痘，每每深以為恨，此時焉能不惱？

小林見又惹來了風波，心中懊悔不已，表面上卻不急不惱，巧借餘光中的詩句攬鏡自顧道：「『蜷在兩腮分，依在耳翼間，迷人全在一點點。』唉，這真是『一波未平，一波又起』呀！」小王聽了，不禁啞然失笑——原來小林長了一臉的雀斑。

小林機智地化解了尷尬的場面，其智慧令人嘆服。無意中觸痛了對方，那就對著自己的某個缺點進行調侃，常會使對話妙趣橫生，又能化解自己戳到別人痛處的尷尬。

有的時候，我們可能會在有意無意中，觸到他人的痛處，使談話的場面出現僵持，此時採用自我調侃的方式也是一個解決冷場的好方法。

有一次，一群大學同學舉行十周年同學會，許多同學都來參加了。聚會上，一位男同學打趣地問一個女同學：「聽說妳先生是個大老闆，什麼時候請我們到大飯店吃一頓。」

他的話剛說完，這位女同學看起來就十分不自在了。這時，另外一個女同學悄悄地告訴這位男同學真相，原來這位女同學前不久剛和丈夫離婚了。

男同學知道真相以後，感到心中很內疚。不過，他迅速回過神來，說：「妳看我這嘴沒開關的毛病，怎麼還和大學時一樣呀，這麼多年過去了，還是不知高低深淺，真是該掌嘴！」

的話。這時，男士趕忙換了一個話題，從尷尬中轉移出來。

女同學見狀，雖然心裡還是感到難過，但是已經大度地原諒了這位男同學唐突

當我們不小心觸及他人的痛處的時候，不妨也像這位男同學那樣，調侃調侃自己，用真誠的語言來表達自己的歉意，使對方的心裡感到釋然。如果我們在說話時不小心觸及到別人的痛處，一定要及時挽回，這才是人際相處之道。

遭遇尷尬時故意說癡話

我們在各種場合都會遭遇尷尬。尷尬的表現形式不一樣，應對方式也有所差別。用語言應對的一種很好方式，就是佯裝不知，故說「癡」話。

一家星級飯店招聘客房服務人員，經理給應徵者出了一道題目：

「假如你無意間把房間推開，看見女客一絲不掛地在沐浴，而她也看見你了，這時候你該怎麼辦？」

第一位答：「說聲『對不起』，就關門退出。」

第二位答：「說聲『對不起，小姐』，就關門退出。」

第三位答：「說聲『對不起，先生』，就關門退出。」

結果第三位應徵者被錄取了。

為什麼呢？前兩位應徵者的回答都讓客人有條解不開的尷尬心結，唯有第三位應徵者的回答很巧妙。他妙就妙在假裝沒看清，故作癡呆，既保全了客人的面子，

又使雙方擺脫了尷尬。

艾美在一次聚會上第一次穿高跟鞋和超短裙，還化了比較濃的妝。朋友們見到她這樣的打扮，一片驚呼，自然而然地，她成了聚會的目光焦點之一。但是年輕人聚會的一項必不可少的活動就是跳舞，而高跟鞋和超短裙肯定是不利於跳舞的，何況艾美還是第一回穿呢。

一開始她不願意下舞池，後來在朋友們的勸說之下勉強跳了一會兒。誰知卻出了問題，鞋跟折斷了，短裙也不小心撐裂了，只好裝作沒事一樣，一瘸一拐地回到了座位上。

一個女孩看見了，忙跑過來問她怎麼回事，她回答說腳扭到了。女孩關心地彎下腰去看。「啊，妳的鞋跟斷了哎。真是的，怎麼這麼倒楣啊。哇，妳的裙子怎麼……好了別介意，大家都是朋友，誰都不會笑話妳，我也會給妳保密的。妳就在這兒坐著好了，待會兒結束了我陪妳回家。」說著又下了舞池，留下艾美沮喪地坐在那裡。

一曲終了，大家都下場來，一個男孩過來坐到了艾美對面，艾美臉上紅一陣白一陣，生怕被他發現了，趕忙說腳有點不舒服，說著把沒有斷跟的右腳伸到了前面。

但男孩並不看她的「傷勢」，只是叫了兩杯飲料，說：「跳舞很累吧，妳平時看起來挺文弱的，這種激烈運動連我都渾身濕透，妳肯定更累吧。以後多鍛鍊鍛鍊，再穿上今天這麼漂亮的衣服，那效果肯定超棒！」

兩個人聊了半天，男孩始終沒有提起她的「傷」。其實，他早就看到是怎麼回事了，為了不讓艾美太尷尬，裝作不知道，讓艾美長長地舒了一口氣。

這位男孩就是巧妙地運用了「佯裝不知」的技巧，避免了尷尬。

在社交場合，許多人遭遇尷尬以後，即使假裝不在意，內心仍會有個疙瘩，因為對每個人來說，面子都是非常重要的。所以，有時候當別人遭遇尷尬，你的安慰可能只會讓對方感覺更沒有面子。

「善意的謊言」能討人喜歡

生活中，面對有些情景，我們講實話，反而對人、對己、對事都無益。既然真話會傷害別人，我們可製造一些「謊言」，它可以起潤滑作用，可以使人際關係更融洽、更親近。

在現代生活中，不是面對每一個人、每一件事我們都必須誠實以對，有時候一個善意的謊言能起到巨大的積極作用。每個人都具有各式各樣的弱點，有著喜怒哀樂的情感，在人與人的交往中，適當地用一些小小的「謊言」，有時會帶給我們生活的希望，甚至能改變了我們生命的軌道。

曾經有一位農村教師撒了一個謊，稱自己可以預測未來。他對他的學生說：你將來可能成為數學家，他能當做家，那一個具有藝術天賦……在老師的指點、鼓勵和塑造下，孩子們變得勤奮刻苦，懂事好學。幾年後，大批學生以優異的成績邁進了大學的校門，這座小村莊也因此聞名遐邇。

人們都以為這位老教師能掐會算，可以感知未來。其實，老師的良苦用心是將一個美麗的謊言種植在孩子的心靈，就像播一粒種子在土裡，終將枝繁葉茂，開花結果。

其實，在現實生活中，處處都充滿著感動，雖然有時候我們見到的謊言大多是欺騙和愚弄，但真正的愛，藏在我們的心中。

或許不經意間的一件微不足道的小事，一個充滿愛的善意的謊言，能夠給自己和他人的生活帶來好的改變。因此，在人與人的交往中，適當地用一些小小的「謊言」，往往可以使人際關係更加融洽。

巧妙應對咄咄逼人的話

在交往中，我們不可避免地會遇到咄咄逼人的談話場景，談話者一般是有備而來，或是對自己的條件估計得比較充分，有信心戰勝你。

美國有一位推銷員伯特，有一次為了推銷一套可提供一座四十層辦公大樓用的空調設備，與建設公司周旋了幾個月還是無法談成。購買與否的最後決定權，還是握在買方的董事會手中。

有一天，董事會通知伯特，要他再一次將空調系統向董事們介紹。伯特強打起精神，把不知講過多少遍的話又重述了一遍。但董事們反應冷淡，只是連珠炮似的提了一大堆問題，用外行話問內行人，似乎有意刁難。

伯特心急如焚，眼看幾個月的心血就要付諸東流，他渾身發熱。這時，他忽然想到「熱」這個妙計。

突然間，他不再正面回答董事們的問題，而是很自然地改變了話題。他泰然自若地說：「喲！今天天氣還真熱，請允許我脫去外衣，好嗎？」說完，還掏出手帕，煞有介事地擦著前額的汗珠。

就這樣，他的話、他的動作立刻引發了董事們的連鎖反應，或許這是一種心理學的暗示作用，董事們似乎一下子也感受到了悶熱難耐，一個接一個地脫下外衣，又一個接一個地拿出手帕擦汗。這時，終於有一位董事開始抱怨說：「這房子沒有空調，悶死了。」

就這樣，董事們再也不需要伯特推銷，而是自動地考慮起空調的採購問題。令人不可思議的是，拖了幾個月之久的買賣，竟然在短短十分鐘內就獲得了突破性的成功。

很顯然，伯特及時抓住了問題的重點，恰到好處地利用了環境提供給他的條件，並運用語言的附加意義或暗示語法，使他的話產生了極大的說服力。既避免了正面回答諸位董事咄咄逼人的問題，又順利地實現了自己的目的，可謂一舉兩得。

用模糊語言說尖銳的話

對於一些話題比較尖銳的事情，最好使用模糊語言，給對方一個模糊的意見，或者多用一些「好像」、「可能」、「看來」、「大概」之類的詞語，顯得留有餘地，語氣委婉一些。

當學生在課堂上回答不出問題時，作為老師一般不應這樣訓斥學生：「你怎麼搞的？昨天你肯定沒複習！」而應當用模糊委婉的語言表達批評的意思：「看來你好像沒有認真複習，是不是？還是因為有點緊張，不知道該怎麼說呢？」而且應當進一步提出希望和要求：「希望你及時複習，抓住問題的要領，爭取下次作出圓滿的回答，行不行？」這樣給了學生面子，也能達到好的效果。在一些交流場合，尤其是在一些比較正式的場合，經常可以碰到一些涉及尖銳問題的提問，這些提問不能直接、具體地回答，又不能不回答。這時候，說話者就可以巧妙地用模糊語言表達自己的意見，讓當事雙方都不感到太難堪。

阿根廷著名的足球明星馬拉度納所在的球隊在與英格蘭隊比賽時，他踢進的第一個球是頗有爭議的「問題球」。據說墨西哥一位記者曾拍到了他用手拍球的鏡頭。當記者問馬拉度納那個球是手球還是頭球時，馬拉度納意識到倘若直言不諱地承認「確實如此」，那對判決簡直無異於「恩將仇報」（按照足球運動慣例，裁判的當場判決以後不能更改），而如果不承認，又有失「世界最佳球員」的風度。

馬拉度納是怎麼回答的呢？他說：「手球一半是迪亞哥的，頭球一半是馬拉多納的。」這妙不可言的「一半」與「一半」，等於既承認球是手臂打進去的，頗有「明人不做暗事」的君子風度，又肯定了裁判的權威。我們在聽政府發言人談話，或者看一些資料時，常常覺得平淡無味。其實這些語言往往蘊涵著非常尖銳的意思，只是用了一些模糊化的詞語，讓它顯得「平淡」而已。比如，外交部發言人談話中提到「賓主雙方進行了坦率的會談」，這裡「坦率」的意思就是意見分歧非常大；再比如「應當促進雙方的交流」，意思就是雙方的共識太少，彼此之間有比較深的成見。這些模糊化的語言既達到了說明問題的目的，又起到了淡化矛盾的作用。

用模糊語言回答尖銳的提問是一種智慧，它一般是用伸縮性大、變通性強、語意不明確的詞語，因而化解矛盾，擺脱被動局面。

Chapter 8

看透他人內心的識謊心理學

詐詐他的虛榮心，不必碰灰辦成事

如果你求人辦事時對別人撒謊，當然是不好的事，如果你直接向對方挑明你的目的，更有可能會碰一鼻子灰。尤其是當你面對的是充滿心機並有高智商的人時，如果不精心設計，說點小謊你就可能不會成功。

已故的哈伯博士原來是芝加哥大學的校長，也就是他那個時代最好的一位大學校長，他曾為學校籌募了數量龐大的基金。洛克菲勒捐款百萬美元以支持芝加哥大學就是由他籌資的。

一次，哈伯博士需要一百萬美元來興建一座新的建築。他拿了一份芝加哥百萬富翁的名單，研究可以向什麼人籌募這筆捐款。哈伯博士選了其中兩個人，他們都是千萬富翁，而且是生意場上的死對頭。

其中一位當時是芝加哥市區電車公司的總裁。哈伯博士選了一天的中午時分——這時候，辦公室的人員都已外出用餐了——悠閒地走入總裁辦公室。

因為哈伯博士知道如果透過正常方式向這位總裁發出請求並約定見面的時間，這期間一定會浪費很多時間，並使這位總裁有時間準備充分的理由來拒絕這個讓他花錢的請求。而現在對方對於他的突然出現，大吃一驚。

哈伯博士自我介紹說：「我叫哈伯，是芝加哥大學的校長。請原諒我自己闖了進來，外面辦公室沒有人，我只好自己決定，走了進來。」

做完簡短的自我介紹後，哈伯博士繼續說：「我曾多次想到你，以及你們的市區電車公司。你已經建立了一套很好的電車系統，賺了很多錢。但是，每一想到你，我總是要想到，總有一天你就要進入那個不可知的世界。

在你走後，你並未在這個世界上留下任何紀念物，因為其他人將接管你的金錢，而金錢一旦易手，很快就會被人忘記它原來的主人是誰，每當想到這裡，我都不禁會為你惋惜。

我常想到提供你一個讓你的姓名永垂不朽的機會。我可以允許你在芝加哥大學興建一所新的大樓，以你的姓名命名。我本來早就想給你這個機會，但是，學校董事會的一名董事卻希望把這份榮譽留給XX先生（電車公司老闆的敵人）。不過，我個人在私底下一向欣賞你，而且我現在還是支持你，如果你能允許我這樣做，我將去說服校董事會的反對人士，讓他們也來支持你。

今天我並不是來要求你作出決定，只不過是我剛好經過這兒，想順便進來坐一下，和你見見面，談一談。你可以考慮一下，如果你希望和我再談談這件事，麻煩你有空時撥個電話給我。再見，先生，我很高興能有這個機會和你聊一聊。」

說完這些，他把自己的名片放到總裁的辦公桌上並低頭致意，然後退了出去，不給這位電車公司的老闆表示意見的機會。

事實上，這位電車公司老闆根本沒有任何機會說話，都是哈伯先生在說話，這也是他事先計畫的。他進入對方的辦公室只是為了埋下種子，他相信，只要時間來到，這顆種子就會發芽，成長壯大。

果然，正如他所預想的那樣，他剛回到辦公室，電話鈴就響了，是電車公司老闆打來的電話。他要求和哈伯博士定個約會，具體談談這件事情。

第二天早上，兩人在哈伯博士的辦公室見了面，一個小時後，一張一百萬美元的支票就交到哈伯博士的手上了。

為了清楚地展示哈伯先生的說服別人的高明之處，我們不妨再來做這樣的假設，他在和那家電車公司老闆見面後，開頭就實話實說：「芝加哥大學急需基金來建造大樓，我特地前來請求你協助。你已經賺了不少錢，你應該對這個使你賺大錢的社會盡一份力量才對（也許，這種說法是正確的）。如果你願意捐一百萬美元給我們，

我們將把你的姓名刻在我們所要興建的新大樓上。」如果真是這樣，結果會如何呢？

顯然，沒有充分的動機足以吸引這位電車公司老闆的興趣。這句話也許說得很對，但他可能不願承認這一事實，那麼，很大的可能都會遭到拒絕。

哈伯博士的高明之處就在於：

第一，利用合適的時間。午休時，辦公室的人員都不在，省去了不必要的過程，而那位總裁的精神狀態也處於放鬆階段；第二，合理的理由。讓這位成功的總裁永垂不朽，準確地抓住了總裁的心理需求；第三，巧妙的方法。他以特殊的方式提出說詞，而製造出機會。他使這位電車公司老闆處於防守的地位（似乎是哈伯在給他幫忙，而不是有求於他）。他告訴這位老闆說，他（哈伯博士）不敢肯定一定能說服董事會接受這位老闆想使他的姓名出現在新大樓的欲望，因為他在那位老闆腦中灌輸了這個念頭：如果他不予捐款的話，他的對手及競爭者可能就要獲得這項榮譽了，由此激起了那位老闆好勝的虛榮心，以至不捐款反而不痛快了。

每個人都有或多或少的虛榮心，用謊言來滿足對方可以更容易達到你的目的。所以你應該記住：必要時得「詐一詐」，善意的謊言更能讓人成功。

「危言」可以聽，但不能「聳聽」

挑撥離間的小人總是能夠抓住讓人恐慌的因素，他們之所以能夠得逞，就是因為我們失去了判斷能力。所謂的「危言聳聽」，其根本原因就在於此。

一隻老鷹飛到一棵大橡樹上築起了巢，將家安在樹枝上。一隻貓在這棵樹的樹幹上找到一個樹洞，稍加整理後也在那裡安家，並且生下了小貓。

母野豬不會爬樹，但是在樹底下找到一個洞，於是帶著小豬住在樹根的洞裡。剛開始時，三家互不侵犯，相安無事。

後來，貓想獨佔這塊地方，把老鷹和野豬都趕走。縝密計畫後，貓便實行牠的詭計。牠先爬到老鷹巢邊，哭喪著臉說：「哎！你們真不幸啊！不久妳的家將要被毀滅，甚至連命也會丟掉，而我們也很危險。妳往下看看，樹下的野豬天天挖土，想把這棵樹連根拔掉。樹一倒下，她就可以輕而易舉地把我們的孩子抓去，餵給她

的孩子吃。樹下的洞越來越大，我們該怎麼辦啊？」聽了貓的哭訴，老鷹嚇得心驚膽戰，驚惶失措，絞盡腦汁想辦法躲避危機。

貓見自己的話起到了作用，心裡暗自偷笑，牠來到野豬洞裡說：「野豬媽媽，妳怎麼還這麼安心地住著啊？危險來了妳還不知道！妳的孩子們非常危險，只要妳出去為小豬找食物，樹上的老鷹就會把他們叼去。妳沒看見老鷹天天站在樹上盯著妳等候時機嗎？妳可千萬別大意啊。」野豬連忙感激貓的提醒，心裡也非常害怕。

貓狠狠地嚇唬了老鷹和野豬後，假裝自己也很害怕，躲進了牠的樹洞，以此來迷惑老鷹和野豬。到了晚上，牠卻偷偷地跑出去為自己和孩子尋找食物。白天，牠仍裝出一副恐懼的樣子，整天躲在洞口守望著。

於是，老鷹害怕野豬把樹挖倒，傷到自己的孩子，於是每天牠都坐在枝頭，不敢亂走；野豬也害怕老鷹趁自己不在叼走小野豬，每天不敢走出洞來，在家保護孩子。過了不久，老鷹和野豬以及牠們的孩子都餓死了。貓便把老鷹和野豬作為自己和孩子的食物了。

在上面的故事中，貓是一個兩面三刀、挑撥離間的惡人，為了獨佔大樹，牠挑撥了老鷹和野豬的關係，引起了牠們的心裡恐慌。老鷹和野豬不經過證實便相信了貓的話，為了躲避不存在的危機連命都賠上了，讓貓的詭計得逞。壞人無端的「提醒」其實是迷惑你的煙霧，你不能保持心裡的鎮定，不經過思考，便會成為壞人漁利的工具。

與人交往之初，在沒有利益紛爭的時候，都是各司其職，相安無事。一旦出現競爭，涉及利益衝突的時候，人的本性便開始顯露出來。有的人為了在競爭中佔據有利地位，或者妄圖獨霸利益，就絞盡腦汁挑撥離間，設計陷阱，讓別人都得你死我活，自己卻坐享其成。這樣的人用心極其險惡，他們總是給別人製造恐慌，唯恐天下不亂。

對於這樣的人，絕對不能被他們唬住，自己要具備辨別真偽的能力，不要因為別人的三言兩語便提心吊膽，誠惶誠恐。世界沒有那麼多紛爭，真正亂的是我們的內心。

在現實中，像貓這樣的人不在少數，有利益衝突必然會讓人的邪惡滋生，我們可以保持自己心靈的純潔，但不能阻止別人變壞。身處競爭的環境，不能用「相安無事」欺騙自己，當發現別人有挑撥離間的端倪的時候，要避而遠之。凡事經過深思熟慮，面對別人故意放出的「危言」，要三思而後行，切忌頭腦簡單，貿然「聳聽」。

利用心虛策略，悄無聲息辨別謊言

說謊者在說謊時往往有心虛的感覺。有時候，說謊的人只有一點點罪惡感；有時候，罪惡感會很強烈，以致露出漏洞，使對方很容易揭穿謊言。十分強烈的罪惡感會使說謊的人痛苦難耐，會令說謊者覺得說謊很划不來，簡直是受罪。雖然承認撒謊會受到處罰，但是為了要解除這種強烈的罪惡感，說謊的人很可能會決定坦白招認。

說謊者因為這種難以消除的害怕感和心虛感，將會讓我們成功地識破謊言。

宋寧宗年間，劉宰出任泰興縣令。一次，一個大戶人家弄丟了一支金釵，四下尋找不見，告到縣上。劉宰調查後，瞭解到金釵是在室內不見的，當時只有兩個僕婦在場，但誰也不承認拿了金釵。

劉宰將兩人帶到縣衙，安置在一間房子裡，也不審問。眾人都很困惑，劉宰卻像沒事人一樣，飲酒散步，與大家閒談。

到了天黑以後，劉宰拿著兩根蘆葦走進關押僕婦的房間，每人給了一根，說道：「你們好好拿著蘆葦，明天我要根據蘆葦決案，誰要偷了金釵，蘆葦就會長出二寸來。」說完關門走了。

第二天，僕婦被帶到堂上。劉宰取過蘆葦審視，果然有一根長出二寸。劉宰嘿嘿一笑，卻指著手持短蘆葦的僕婦大聲喝道：「妳如何盜得主人金釵？還不從實招來！」

那個僕婦戰戰兢兢，當即跪倒在地，口中喃喃道：「是我拿了金釵，大人如何知道？」

劉宰答道：「我給你們二人的蘆葦是一樣長的，妳若心中沒鬼，為何要偷偷截去一節？」僕婦方知上了當。

劉宰正是因為知道撒謊的僕婦有恐懼和心虛感，才用這個測試辦法使其自我暴露，辨識出了說謊者。

我們還可以依照生理、心理學原理透過情緒緊張與否判斷是否說謊。利用情緒與生理變化的關係來識別謊言。其原理就是：那些撒了謊且擔心被識破的人，心裡比較緊張，消化功能受到抑制，唾液分泌會減少，因而吞咽蛋糕和吐出東西時比較困難；而誠實的人不會覺得緊張，因而他們的消化系統不會受到抑制，唾液分泌正

常，吞咽和吐出食物都較順利。例如，英國人透過觀察嫌疑人吃麵包和乾乳酪的順利程度來判斷其是否說謊。

現實生活中，有很多時候，我們都希望悄無聲息地查出別人有沒有對我們說謊。如果直接去問，對方即便說了謊也很難承認；如果對方沒有說謊，我們又會因為錯怪而得罪對方。所以，這種情況下，最行之有效的策略就是利用上述方法，在不知不覺中測試一下對方是否心虛。當然，在這個過程中一定要表現得自然，不要讓對方知道你是在測謊。

設條底線，讓謊言比真話更可信

與人相處，真誠是最重要的。但在某些時候，謊言又有著它獨特的作用。特別是在與對手交涉或談判時，為了說服對方，可以虛設一些場景，讓對方誤會我們的底線，以求得真話難以取得的效果。

一次，某市與一家外國公司代表就建立化肥廠事宜進行接觸，幾次會議都很順利，雙方確定了利用港口優越條件的專案。後來，另一家外國公司也參加進來聯合辦化肥廠。在第一次三方談判中，另一家外國公司的董事長出席，在聽過中外雙方已經進行的一些籌備工作介紹之後，他斷然表示：「你們前面所做的一切工作都是沒有用的，要從頭開始！」

聽到這話，中方和先前一家外國公司的代表都感到很為難。因為，在此之前，雙方已經做了大量細微的工作，花費了大量的人力，財力。

但是，這位董事長有著很高的權威性，他的公司在前面那家公司的所在國擁有

許多企業的大量股份，他的話沒有人敢於反駁。但是，如果按照這位高傲的董事長的建議從頭開始的話，不僅前面的工作成果會付之東流，更重要的是會無謂的浪費更多的時間，甚至會使這個項目擱淺。

人們沉默著……

中方一位地方政府代表打破了沉默，他說：「我代表地方政府聲明：為了建立這個化肥廠，我們確定了一處接近港口、地理位置優越的一塊地作為廠址。也為了尊重我們的友誼，在其他許多合資企業向我們申請這塊土地的使用權時，我們都拒絕了。如果按照董事長今天的提議，事情將要無限期地拖延下去，那我們只好馬上把這塊土地轉給別人了。對不起，我還有別的重要的事，我宣佈退出談判，下午我等你們的消息。」

說完，他拎起皮包就走出了談判廳，躲到別的房間看報紙去了。半小時以後，中方一位代表跑來報告好消息：「董事長說了，快請你回去。他們強烈要求迅速徵用港口的場地……」接下來，談判進行得非常順利。

由於談判對手有一定聲望，當面唱反調會讓對方失面子，不利於談判，於是，中方代表用「謊言」描畫出一幅競爭激烈、時不我待的情景，對方自然就不會再堅持己見，心甘情願地做出了讓步。

這位政府官員的打破僵局，講明事實，虛設底線，使高傲的外商有危機感，不得不做出讓步。他敏銳地找到對方的底線，並且提高了自己的底線，然後用自己的行政權力來影響談判，這位官員代表政府，本意是希望促成這場談判的，但在關鍵時刻他敢於站在客戶的立場上果斷離開談判桌，可謂有勇有謀。

「大不了我們不做了，」有了這樣的心態就不會再有負擔，而沒有負擔的談判往往是效率最高的、結果最好的談判，而在充分瞭解對方利益需求的基礎上，來設置自己的底線，往往可以達到這一效果。最終使得談判順利進行。

事情往往就是這樣，在一定條件下，謊言的力量是可以超越現實的。與其苦口婆心地解釋、訴說不起實際作用的真話，莫不如虛實一條底線，用個小謊言讓對方遵從自己的意願。

誤導式問話，誘出對方真話

有這樣一則故事：法庭上正在審理一樁殺人案，犯罪嫌疑人因為女友父母不同意他們交往，而狠心的將女友一家三口人殺害。以下是法庭審理實錄：

法官：王某，把你的犯罪經過說一下。

王某：是我女朋友的父母先動手傷我，我是迫於無奈才失手殺了他們的。

法官：迫於無奈？好，既然這樣，案發現場是在你和你女朋友租住房子是不是？

王某：是。

法官：出事之前你女朋友的父母經常到那個出租屋去看你們是不是？

王某：不是，他們從沒去過，我也不想讓他們去。

法官：不想讓他們去？為什麼？

聽到法官的這句話，王某說話突然結巴起來，但他又迅速恢復了鎮定。

王某：因為……因為他們的身體不好，我們住的地方也比較偏僻，不好找。

法官：他們去你那裡的那天，是拿著刀或者其他的兇器去的，是不是？

王某：當然不是。

法官：他們進入房間後是直奔廚房去的是不是？

王某：不是，是直奔客廳去的。

法官：即使他們是第一次到你那裡，進門後也是直奔客廳去的，但他們還是比你熟悉廚房的位置，以及裡面都有什麼東西是不是？

說到這裡，王某的臉上已經滲出了冷汗。兇殺現場就發生在王某出租屋的廚房裡，兇器是菜板上的菜刀。之前，王某一直被法官的問話問的不知所以然，沒想到對方是想問廚房的事情。

王某：法官，我認罪，我熟悉廚房的路，我知道菜刀放在那裡，是我先動的手，我很後悔……

面對犯罪嫌疑人，想知道他們真實的作案動機並不是容易事。故事中的王某就是這樣的人。最開始，他歪曲事實，說是對方先動手，自己是被迫反擊的。試想一下，如果法官直來直去的問：「你為什麼撒謊，為什麼不說實話？」王某還是會隱藏下去。這樣質疑對他沒有任何作用。但法官的誤導性問話卻問出了對方的真話。

法官故意歪曲事實，反著問話。從女友父母是不是經常去他所住的出租屋，到雙方誰更熟悉廚房的位置以及裡面的擺設，都問了個周詳。王某之前已經說了，女

友父母從沒去過自己的出租屋，既然從沒去過，對裡面的情況肯定非常不熟悉。這種回應，一定程度上證明了在雙方發生衝突的時候，王某比對方具備更有利的行兇條件。所以，當法官最後問到女方父母即使是第一次去也能熟練地找到廚房時，王某的汗已經流下來：他裝不下去了。

其實，法官這種心理誘導術我們可以應用於很多領域。例如，當你面試應徵者的時候，他若是個不想說出真心話的人，就會想方設法掩蓋自己，以蒙混過關。那麼，你為了看清這類人，就要學著像法官那樣，透過誤導性問話誘出對方的真實想法，達到面試的最終目的。

面對狡辯的對手時，心理誤導式問話法最容易誘出他的真話。

製造「機會」讓說謊者自露破綻

一般來說，謊言主要有兩種，一種是掩蓋和隱藏，另一種是編造和篡改；前者不容易被識破，而後者卻很容易露出破綻。因為編造和篡改的情節都是無中生有的，並非是說謊者親身經歷的，所以不會留下深刻的印象。那麼，當說謊者不斷重複謊言時，難免會出現自相矛盾的地方，只要我們留心觀察和分析，就很容易識破謊言。

唐朝初年，李靖擔任岐州刺史時，有人向當朝者告他謀反。唐高祖李淵派了一個御史前往調查此事。

御史是李靖的故交，深知李靖的為人，他心裡很清楚李靖是遭到了奸人的誣陷，因此便想辦法要救李靖，替李靖洗清不白之冤。於是便向皇帝請旨，請告密者共同前去查辦此案。皇帝准奏，告密者也高興地答應下來。途中，御史假說檢舉信丟失了，觀察告密者以後的動作反應。

御史佯裝害怕的樣子，不停地向陪伴的告密者說：「這可如何是好！身負皇上之托，職責所在，卻丟失重要證據，我可真的難辭其咎了！」說著，御史便發起怒來，鞭打隨從的典吏官。他的舉動使告密者確信檢舉信已丟失。

御史無奈地向告密者請求：「事已至此，只好請您重寫一份了。否則，不僅我要擔負不能辨成查訪之任的罪責，您的檢舉得不到查證，就沒辦法讓皇上論功行賞了？」

那人一想不錯，趕緊去重寫。根據想像，又憑空捏造出一份來。

御史接到信件，拿出原信一比較，只見大有出入：除了告李靖密謀造反的罪名一樣，而所舉證據都換了模樣，細節更是大相徑庭，時間、人物都難以對上號，一望即知是胡編亂造的誣告信。

御史笑笑，立刻下令把告密者關押起來。隨後拿著兩封檢舉信趕回京城，向唐高祖稟告原委。唐高祖大為震怒，竟然有人敢誣陷大唐的開國元勳，一氣之下殺掉了誣告人。

上述整件事情的峰迴路轉，完全都要歸功於御史巧妙地引出說謊者前後不一的證據，成功地揭穿了誣告謊言，懲治了撒謊者。

事實上，這種方法破除謊言十分有效，不只是因為臨時遺忘而編造另外的謊言能使人抓住自相矛盾的地方，即使有很充裕的時間來準備，說謊的人很謹慎地編造了臺詞，但假如他不夠機靈的話，他也無法預期對方反問的所有問題，仔細想好所有的答案；而且，就算說謊的人很機警，當時的情況也會引出突發事件，本來說詞是可以騙到別人的，但是一旦發生這種突然的改變，就會令說詞出現漏洞。

我們就要為說謊者創造這樣的「機會」讓他的謊言露出破綻。

推理有術，抽掉謊言的支柱

說謊者往往利用一個道具或論據來支撐起整個騙局，此時我們只要不被他表面的言語所迷惑，認真思考、冷靜分析和判斷，就能洞察他們的謊言。

燕王有收藏各種精巧玩物的嗜好。有時他為了追求一件新奇的東西，甚至不惜揮霍重金。「燕王好珍玩」的名聲不脛而走。

有一天，一個衛國人到燕都求見燕王。他見到燕王後說：「我聽說君王喜愛珍玩，所以特來為您獻上棘刺尖上刻的獼猴。」

燕王一聽非常高興。雖然王宮內有數不盡的稀世珍寶，可是從來還沒有聽說過棘刺上可以刻獼猴。因此，燕王當即賞賜那個衛國人。

隨後，燕王對那衛人說：「我想馬上看一看你在棘刺上刻的獼猴。」

那衛人說：「棘刺上的獼猴不是一件凡物，有誠心的人才能看得見。如果君王在半年內不近女色，戒酒戒肉，並且要在一個雨過日出的天氣，搶在陰晴轉換的那一瞬間才能看到那棘刺上的獼猴。」

為了能看到棘刺上刻的獼猴，燕王只好拿俸祿先養著那個衛人，等待有了機會再看。

有個鐵匠聽說了這件事以後，覺得其中有詐，於是去給燕王出了一個主意。匠人對燕王說：「在竹、木上雕刻東西，需要有鋒利的刻刀。被雕刻的物體一定要容得下刻刀的鋒刃。我是一個打製刀斧的匠人，據我所知，棘刺的頂尖與一個技藝精湛的匠人精心製作的刻刀鋒刃相比，其銳利程式有過之而無不及。既然棘刺的頂尖連刻刀的鋒刃都容不下，那怎樣進行雕刻呢？如果那衛人真有鬼斧神工，必定有一把絕妙的刻刀。君王用不著等上半年，只要現在看一下他的刻刀，立即就可知道用這把刀能否刻出比針尖還小的獼猴。」

燕王一聽，拍手說道：「這主意甚好！」

燕王把那衛人招來問道：「你在棘刺上刻猴用的是什麼工具？」

衛人說：「用的是刻刀。」

燕王說：「我一時看不到你刻的小猴，想先看一看你的刻刀。」

衛人說：「請君王稍等一下，我到住處取來便是。」

燕王和在場的人等了約一個時辰，還不見那衛人回來。燕王派侍者去找。侍者回來後說道：「那人已不知去向了。」

故事中，儘管騙子很懂得心理學，又很會演戲，巧舌如簧，偽裝得幾乎滴水不漏，鐵匠還是用推理的方法揭穿了騙子所設的騙局。

只要注意觀察，細加分析，就會發現他的漏洞，這時只要點出說謊者的破綻，抽掉謊言賴以成立的支撐點，即可讓謊言無處遁身。

釜底抽薪，從根本上瓦解謊言

說謊者編造的謊言必定是虛假的，透過論證對方論據的虛假，可以識破對方的謊言。

從事實的邏輯關係來說，論點來自論據，論據孕育論點。論據真實，則論點正確；論據虛假，則論點謬誤。所以，駁倒了論據，有如釜底抽薪，刨根倒樹，是從根本上揭穿了對方的謊言。

運用釜底抽薪揭穿謊言的技巧在於緊扣論據與論點之間辯證統一的邏輯關係。多問幾個問題，分析一下論據之間是否有相互矛盾的地方。

美國第十六任總統亞伯拉罕・林肯年輕時是一位律師，一次，他得悉朋友的兒子小阿姆斯壯被控為謀財害命，已初步判定有罪。林肯以被告律師的資格，到法院查閱了全部案卷，知道全案的關鍵在於原告方面的一位證人福爾遜。福爾遜發誓說在十月十八日晚十一點，清楚地看到小阿姆斯壯用槍擊斃了死者。

對此，林肯在經過了全面瞭解和周密分析後，要求複審。複審中，有以下一段對話：

林肯問證人：「你發誓說看清了小阿姆斯壯？」

福爾遜：「是的。」

林肯：「你在草堆後，小阿姆斯壯在大樹下，兩處相距二三十米，能認清嗎？」

福爾遜：「看得很清楚，因為月光很亮。」

林肯：「你肯定不是從衣著方面看清他的嗎？」

福爾遜：「不是的，我肯定看清了他的臉。」

林肯：「你能肯定時間是在十一點嗎？」

福爾遜：「充分肯定，因為我回屋看了鐘，那時是十一點十五分。」

林肯問到這就轉過身來，對法官和旁聽者說：「我不能不告訴大家，這個證人是一個徹頭徹尾的騙子。他一口咬定十月十八日晚十一點在月光下看清了被告的臉。請大家想想，十月十八日那天是上弦月，晚上十一時漆黑一片，哪裡還有月光？退一步說，也許他時間記得不十分精確，時間稍有提前。但那時，月光是從西往東照，草堆在東，大樹在西，如果被告的臉面對草堆，臉上是不可能有月光的！」

大家先是一陣沉默，緊接著掌聲、歡呼聲一起爆發出來。福爾遜傻了眼。

在這裡，林肯運用了釜底抽薪的反駁技巧抓住細節、步步為營，終於戳穿了福爾遜的謊言，澄清了事實，還小阿姆斯壯以清白。

釜底抽薪是一招很有效的破謊技巧，透過全面、詳細地瞭解情況，分析情況，找出謊言的破綻予以致命的還擊，用確鑿的事實來反駁對方。這樣，對方精心構築的言論布局就會因基礎瓦解而全面崩盤。

將計就計，順勢破謊解危

如果把謊言也看成是具有危害性的力量，當它們向我們施展它的危害和威力時，我們同樣可以借用武術中借力打人的技巧化害為利，使對方的謊言成為制伏對方的絕妙手段。甚至，使自己轉敗為勝、轉危為安，變被動為主動。

這種辦法在戰爭和其他一些存在著激烈競爭的場合被頻繁地使用，人們把它叫做「將計就計」。

魏文侯時，西門豹為鄴令，初到轄地，免不得各處走訪。在訪問老人的時候得知這裡每年為河伯娶妻給老百姓帶來的苦難。河伯是漳河的神，地方上管事的人串通巫婆，每年藉著給河伯辦喜事以減少水患的名義，強迫老百姓出錢。他們每年從老百姓身上搜刮數百萬錢，僅用二三十萬為河伯娶妻，其餘的就坐地分贓。

光撈錢也還罷了，他們還以為河伯娶妻的名義殘害少女。誰家的閨女年輕、漂亮，巫婆就帶著人到哪家去選，有錢的人花點錢也就過去了，沒錢的可就遭殃了。他們在河上紮起齋宮，佈置舉行儀式的大場地，將弄來嫁給河伯為妻的少女放入河裡的齋宮。選好一個日子，就將載著少女的齋宮放入河水中漂走了，行數十里而滅，顯然少女難免溺水而死。老百姓也習慣了這一套，以為真的有什麼河伯，年年藉此看熱鬧。所以，好多有閨女的人家都跑到外地去了，這裡的人口越來越少，地方也越來越窮。

西門豹得知了這一情況，便有了主意，說等到那天也去送河伯的新娘子。

河伯娶妻那一天，各種人物都來了，圍觀的群眾數千人。西門豹首先拿太巫開刀。那是個七十歲的老女人，帶著十個女弟子。西門豹表現得彷彿比那些人更熱心，說：「這個新娘子不太理想，妳去跟河伯說說，請祂等幾天，我們再選個好的送去。」接著不由分說，讓兵卒將那個老女人扔進了水裡。

過了一會兒，他又說，怎麼去了這半天還沒回來？再叫人去催吧。於是將太巫的女弟子扔了一個。過一會兒，就再扔一個。連扔了三個了，西門豹又說，可能去的都是女人，不會辦事。接下來，便挑了些地方管事的扔到河裡。

一連扔了好幾個了，畢竟都是怕死的傢伙，剩下的怕被扔進河裡，馬上跪下磕

頭，懇求大人饒命。

眼見為惡的人自己向人們證實了那是謊言，老百姓也受到了教育，收到了預期的效果，西門豹這才說，河伯說了，祂不再娶婦了。

後來，他發動老百姓開鑿了十條河渠，把河水引入田裡，灌溉農作物。從此，年年豐收。

這是一個典型的「將計就計」揭穿謊言的例子。西門豹作為地方官，為了讓人們相信他也尊重他們的習俗，效仿那些迷信的人們，也一本正經地假戲真唱，作為一方父母官，他必須讓謊言不攻自破，必須讓那些以迷信愚昧老百姓的人原形畢露，才能達到根除惡習的效果。假如他事先就去搞什麼破除迷信的宣傳，絕不會有人相信，老百姓也不會站到他這一邊，使自己陷入被動的局面。於是西門豹就將計就計把他們一個個除掉，是開刀問斬都難以達到的效果。

「將計就計」最關鍵的兩個環節，第一是識破對方的謊言，第二是讓對方相信自己已被他的謊言騙住了。這樣，才可能行使計謀。如果不能識破對方的謊言，抓住主動，「將計」就無從談起；如果不能使對方確信自己已經受騙，對方就會起防備之心，「就計」也無從實施。

識破對方的謊言固然需要智慧、需要機敏，但稍微具備防騙意識和警惕性的人幾乎都可以做到。困難在於如何裝出一副已受騙的模樣來，這是將計就計的關鍵。那種大智若愚、心中有數的境界，不是輕易就能達到的，它需要更加周密的思考、精心的策劃、巧妙的掩飾與裝扮。因此，它對一個人的心智提出更高的要求。

全面分析，識破離間計

在各類謊言中，離間計是比較陰險的圈套，是離間者（主體）在被離間者（客體）之間搬弄是非、製造矛盾，以期破壞被離間者的團結、從中獲利而製造的謊言。一旦有人對你施以離間計，你必須全面分析去破除，否則一旦上當，後果往往很嚴重。

離間計在生活中有多種表現，如創造條件造成同事之間、上下級之間的誤會；或將誤會加以渲染，擴大他人之間的分歧；或編造謊言，製造矛盾，破壞他人團結等等。離間術的外在表現雖然多種多樣，但它的內在本質卻是唯一的，那就是：抑人揚己，損人利己。我們如何識破敵人的離間計呢？

一般來說，離間計主要有以下三個特徵：

一、目的性強

任何離間計都有其明確的目的。只有在目的的驅使下，離間的所有行為才可以表現出實際意義。離間者的目的是自我的、本位的，是建立在實際自我利益基礎之上的。有時為的是獲取個人的某種利益，有時則表現為滿足個人的某種欲望，有時也可能是為了小集團的利益。但無論如何，它都是建立於私欲、頹廢、反動之上的。離間者的目的不在離間過程本身，而在於達到離間之後的結果。

二、隱蔽性好

離間者的目的決定了行為的隱蔽性。因為伴隨著離間計的實施，離間者對被離間者的侵害行為已經開始，而這種侵害又是巧借被離間者之間的摩擦力量進行的。一旦離間成功，被離間者的利益受損則是絕對的。所以，離間者只有使被離間者在表面上知情，而不能在根本上知底，才能達到離間的目的。因此，隱蔽性貫穿於離間活動的始終。

三、欺騙性大

離間的隱蔽性決定了離間手段的欺騙性。因為離間是一種侵害行為，且要借助客體之間的摩擦力量實施，又要做到隱蔽得「天衣無縫」，顯然採取正當的、公開的手段是不行的。所以，離間者往往會製造假象欺騙客體，使其產生錯覺、作出錯誤的判斷、形成錯誤的認識，以便使其在不知不覺中落入圈套。儘管離間計具有隱蔽、詭詐的特點，但還是可以識破的。

識破離間計，要從以下三個方面進行分析：

首先，是聯繫分析。任何離間者要想達到離間他人的目的，必然要與被離間者發生一些或明或暗的聯繫。沒有聯繫就無法借助客體之間的摩擦力量，再高明的離間計也無法得以實施。因此，誰突如其來地與你發生聯繫，誰就有可能在實施離間計。

其次，是利益分析。一般說來，離間計通常是伴隨著利益衝突而實施的，而離間者往往又是被離間者發生問題後的直接或間接受益者。因此，對人際衝突製造者的利益得失進行分析，有利於識破離間者的真面目。

再次，是反常分析。任何離間計，無論它怎樣高明絕倫，只要它付諸實施，總要留下一些反常的痕跡。因此，對反常的蹊蹺的行為進行認真分析，進而反向思維，弄清人際衝突的來龍去脈，對於破譯離間計很有幫助。

離間計的破譯應建立在對其行為特徵的綜合分析上，既不能盲目猜疑，又不可掉以輕心。

贏家 39

敲開人心的社交心理學：看懂臉色說對話

編　著　楊世宇
出版者　大拓文化事業有限公司
執行編輯　林秀如
封面設計　林鈺恆
內文排版　姚恩涵

總經銷　永續圖書有限公司
劃撥帳號　18669219
地　址　22103 新北市汐止區大同路三段一九十四號九樓之一
TEL (〇二)八六四七—三六六三
FAX (〇二)八六四七—三六六〇
E-mail yungjiuh@ms45.hinet.net
網　址　www.foreverbooks.com.tw
法律顧問　方圓法律事務所　涂成樞律師

出版日◇二〇二一年二月
Printed in Taiwan, 2021 All Rights Reserved
版權所有，任何形式之翻印，均屬侵權行為

大拓 Talent TooL
永續圖書線上購物網
www.foreverbooks.com.tw

國家圖書館出版品預行編目資料

敲開人心的社交心理學：看懂臉色說對話 / 楊世宇編著. -- 初版. -- 新北市：大拓文化事業有限公司, 民110.02　面；　公分. --(贏家；39)
ISBN 978-986-411-132-9(平裝)
1.人際關係 2.應用心理學
177.3　　109020273

大大的享受拓展視野的好選擇

謝謝您購買 **敲開人心的社交心理學：看懂臉色說對話** 這本書！

即日起，詳細填寫本卡各欄，對折免貼郵票寄回，我們每月將抽出一百名回函讀者寄出精美禮物，並享有生日當月購書優惠！

想知道更多更即時的消息，歡迎加入“永續圖書粉絲團”

您也可以利用以下傳真或是掃描圖檔寄回本公司信箱，謝謝。

傳真電話：（02）8647-3660　　信箱：yungjiuh@ms45.hinet.net

☺ 姓名：＿＿＿＿＿＿　□男　□女　　□單身　□已婚

☺ 生日：＿＿＿＿＿＿　□非會員　　□已是會員

☺ E-Mail：＿＿＿＿＿＿　電話：（　）＿＿＿＿

☺ 地址：＿＿＿＿＿＿

☺ 學歷：□高中及以下　□專科或大學　□研究所以上　□其他＿＿＿

☺ 職業：□學生　□資訊　□製造　□行銷　□服務　□金融

□傳播　□公教　□軍警　□自由　□家管　□其他＿＿＿

☺ 您購買此書的原因：□書名　□作者　□內容　□封面　□其他＿＿＿

☺ 您購買此書地點：＿＿＿＿＿＿　金額：＿＿＿

☺ 建議改進：□內容　□封面　□版面設計　□其他＿＿＿

您的建議：＿＿＿＿＿＿

剪下後傳真、掃描或寄回至「22103新北市汐止區大同路三段194號9樓之1大拓文化收」

廣告回信
基隆郵局登記證
基隆廣字第57號

新北市汐止區大同路三段一九四號九樓之一

大拓文化事業有限公司收

請沿此虛線對折免貼郵票，以膠帶黏貼後寄回，謝謝！

想知道大拓文化的文字有何種魔力嗎？

- 請至鄰近各大書店洽詢選購。
- 永續圖書網，24小時訂購服務
  www.foreverbooks.com.tw
  免費加入會員，享有優惠折扣
- 郵政劃撥訂購：
  服務專線：(02)8647-3663
  郵政劃撥帳號：18669219